Paris
1894

Austin, John

La Philosophie du droit positif

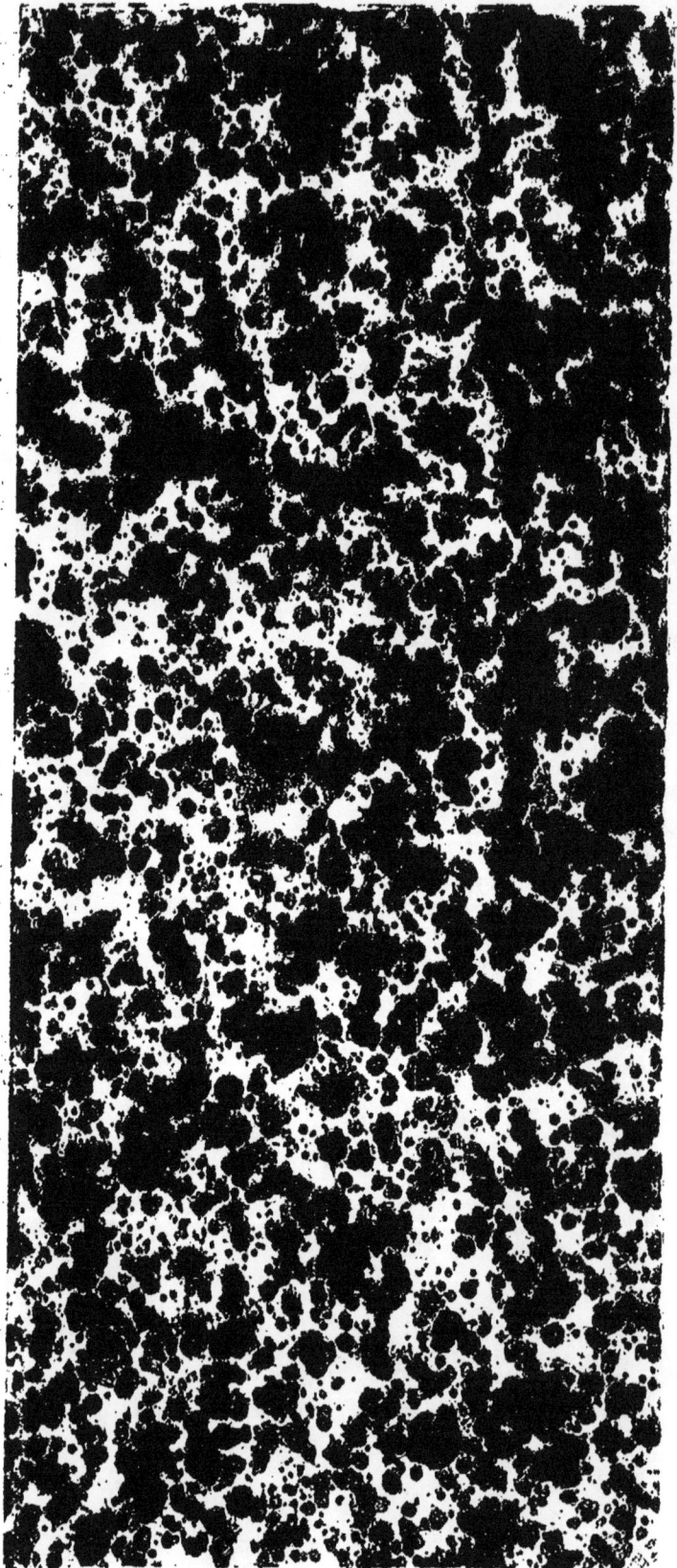

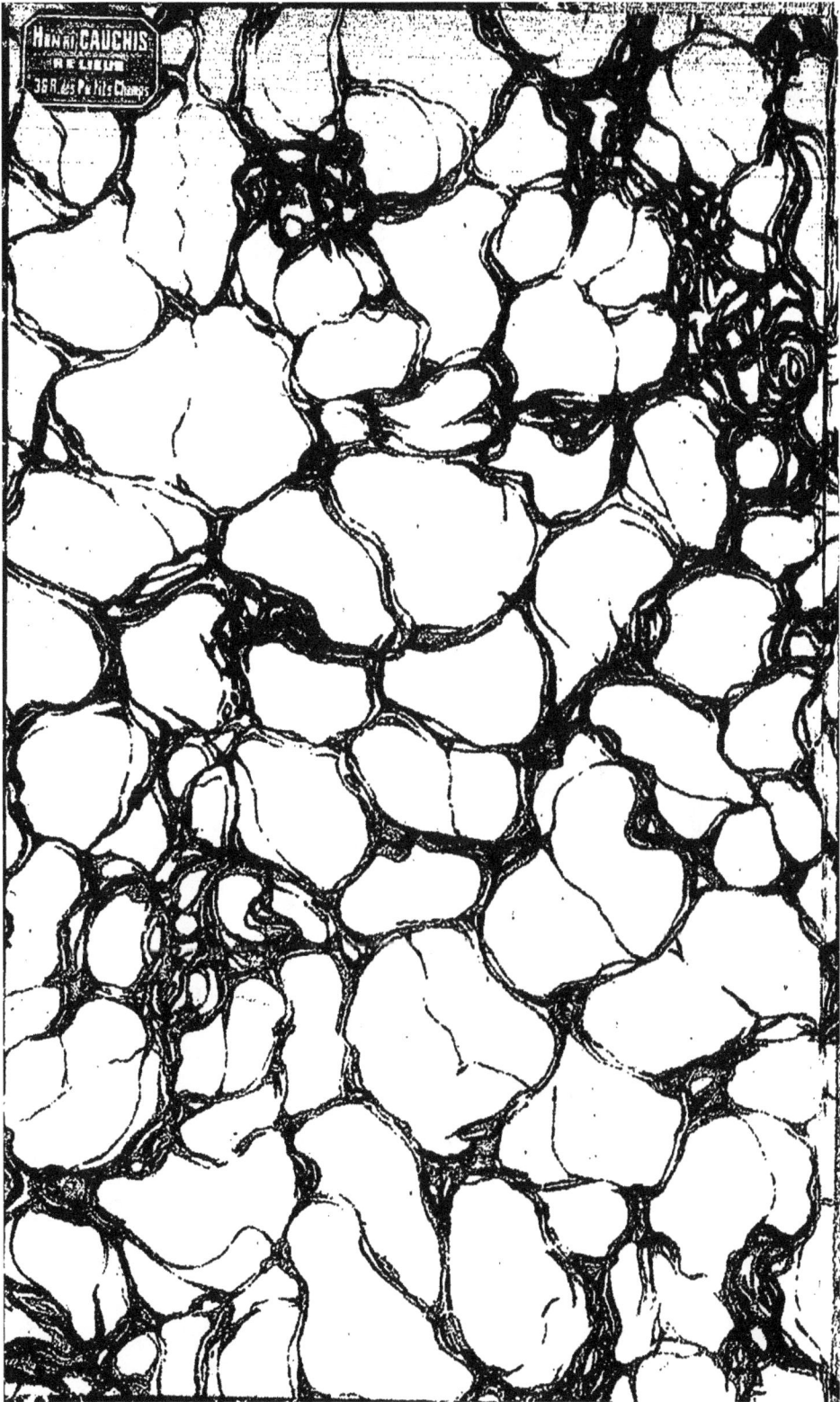

LA PHILOSOPHIE

DU

DROIT POSITIF

Par JOHN AUSTIN

TRADUCTION FRANÇAISE

AVEC UNE PRÉFACE ET DES NOTES

PAR

G. HENRY

PARIS

LIBRAIRIE NOUVELLE DE DROIT ET DE JURISPRUDENCE

ARTHUR ROUSSEAU

ÉDITEUR

14, rue Soufflot et rue Toullier, 13

1894

LA PHILOSOPHIE DU DROIT POSITIF

LA PHILOSOPHIE

DU

DROIT POSITIF

Par JOHN AUSTIN

TRADUCTION FRANÇAISE

AVEC UNE PRÉFACE ET DES NOTES

PAR

G. HENRY

PARIS

LIBRAIRIE NOUVELLE DE DROIT ET DE JURISPRUDENCE

ARTHUR ROUSSEAU

ÉDITEUR

14, rue Soufflot et rue Toullier, 13

1894

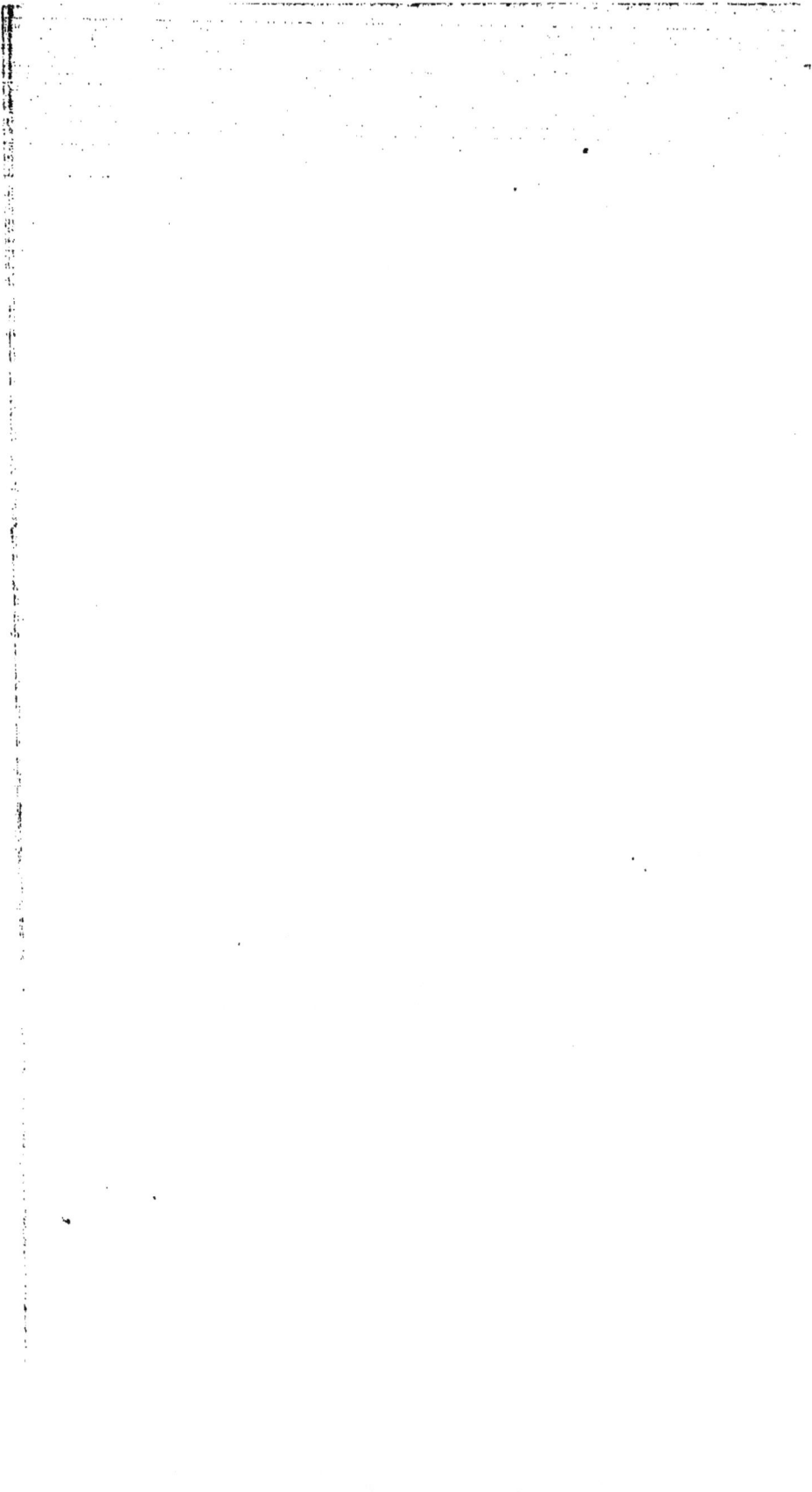

PRÉFACE

PRÉFACE

Des voix autorisées se sont récemment élevées en France pour exprimer le regret que l'esprit philosophique fût trop étranger à notre science juridique et le vœu de voir enfin celle-ci compter la philosophie du droit au nombre de ses éléments essentiels [1]. — Mais cette idée ne demande-t-elle pas à être précisée ? Les questions qui se sont déjà posées à ce sujet paraissent l'indiquer. Nous serions heureux si les pages que nous empruntons à John Austin pouvaient contribuer en quelque chose à ce résultat.

On peut étudier le droit positif à deux points de vue différents : au point de vue de la science sociale et au

[1]. Voir notamment les articles de MM. Lyon-Caën, Appleton, Turgeon, Blondel et Despagnet dans la *Revue internationale de l'enseignement* ; — celui que M. Fernand Faure a publié récemment dans la *Revue de Sociologie* ; — enfin, l'arrêté ministériel du 6 janvier 1891 et la circulaire explicative du 31 janvier de la même année.

point de vue de la science juridique. Ce que la science
sociale étudie dans une législation donnée, ce sont les
institutions considérées en elles-mêmes, abstraction
faite de la forme de leur organisation. — Ce que la
science juridique étudie, au contraire, c'est l'institution
organisée, l'institution considérée en tant qu'elle revêt
telle forme déterminée d'organisation : elle l'étudie d'une
part dans un but pratique, qui est d'assurer le fonc-
tionnement effectif de cette organisation par l'application
de la règle de droit abstraite aux hypothèses concrètes,
et d'autre part dans un but spéculatif, qui est de connaître la structure intime de cette organisation par l'analyse des éléments juridiques de nature générale dont
celle-ci n'est qu'une combinaison particulière ; — détermination du rapport qui existe entre le principe de l'ins
titution considéré comme but, et les règles constitutives
de son organisation considérées comme moyens, —systématisation théorique et application pratique de ces
règles, — voilà l'objet de la science juridique en tant
qu'elle étudie une législation déterminée [1].

A ces deux aspects du droit positif correspondent
deux ordres de principes philosophiques bien distincts

1. Voir Ihering, *Esprit du droit romain,* t. I, p. 36-44; et t. III,
ch. I.

et, par conséquent, deux conceptions différentes de la
philosophie du droit, — comme branche de la science
sociale, — et comme branche de la science juridique.

Conçue comme branche de la science sociale, la philosophie du droit a pour objet [l'étude comparative et
critique des divers principes moraux, économiques et
politiques sur lesquels la législation peut être fondée.]
C'est à la philosophie du droit ainsi conçue qu'appartiennent, dans des ordres d'idées d'ailleurs très divers,
les traités de Filangieri, de Bentham, de Charles Comte,
de Kant, de Hegel, de Krause, etc.

Tout autre est l'objet de la philosophie du droit conçue comme branche de la science juridique : ce qui le
constitue, c'est [d'une part, l'étude comparative et critique des principes d'après lesquels le législateur peut
organiser les institutions qu'il croit devoir adopter, —
et, d'autre part, la détermination de la méthode qui s'im-
pose au juriste dans l'étude de cette organisation au
point de vue théorique et pratique.]

En premier lieu, si l'esprit général dans lequel peut
être conçue cette organisation comporte des variétés,
celles-ci sont susceptibles d'être ramenées à certaines
tendances fondamentales, — formalisme ou réduction
des formes au minimum, prédominance générale de

l'élément extérieur ou spiritualisme, etc. [1], — tendances
qui ont chacune leur valeur relative au point de vue
rationnel et comportent par conséquent une appéciu-
tion critique. — De plus, le législateur procède *nécessairement* à cette organisation selon certaines lois générales, qu'il peut appliquer d'ailleurs d'une manière
plus ou moins parfaite. Ainsi en est-il, dans l'ordre théorique, de la loi d'unité systématique, en vertu de laquelle les diverses règles, que renferme une législation
déterminée, découlent de la combinaison d'un certain
nombre de conceptions juridiques fondamentales, repré-
sentant chacune un élément approprié à un genre de
fonction donné [2]; chacun de ces éléments juridiques
fondamentaux peut d'ailleurs être plus ou moins appro-

1. Voir Ihering, t. III, ch. II, sect. 2.
2. « Supposons qu'un législateur nouveau ait à remanier le
droit de gage tout entier. La mission de la science consistera à
décomposer tout d'abord le droit de gage en ses deux éléments :
l'élément réel (droit sur la chose d'autrui) et l'élément obligatoire
(les rapports personnels de créance entre le créancier gagiste et
le débiteur). Elle recherchera ensuite à quelle *modification* est
soumise dans cette combinaison qui forme le droit de gage, l'idée
du droit sur la chose et l'idée de la créance. Cette modification
deviendra alors l'élément spécifique du droit de gage, élément
qui seul aura besoin d'une élaboration ultérieure et dans lequel
se trouve le principe générateur du droit de gage. » (Ihering,
Esprit du droit romain, t. I, p. 41, n. 15).

prié à la nature de sa fonction, et a par conséquent plus
ou moins de valeur au point de vue rationnel [1]. — De
même en est-il, dans l'ordre pratique, de la loi à laquelle le législateur obéit en adaptant les règles de
la preuve aux nécessités pratiques par différents procédés, notamment par l'établissement de présomptions
qui ont pour effet de substituer à une preuve rigoureuse,
un haut degré de probabilité ; c'est là encore une des
lois générales, et des plus importantes, de la « technique
législative [2] ». — On conçoit enfin la possibilité d'une
étude comparative et critique des divers principes qui
peuvent guider le législateur dans l'organisation particulière d'une institution déterminée, soit par exemple le
principe de la publicité et les autres principes sur lesquels peut être fondée l'organisation de la propriété im-
mobilière [3].

1. Par exemple, la conception primitive du rapport contractuel,
comme constituant simplement l'*occasion* d'un délit de nature
spéciale (Voir Ihering, *Théorie de la faute*, pages 32-44, sur le
dépôt, le mandat et la *fiducia* dans l'ancien droit romain). n'est
qu'imparfaitement appropriée à la fonction de ce rapport ; il est
évident que la conception du rapport contractuel, comme constituant *par lui-même* une obligation, est rationnellement supérieure à cette conception primitive.

2. Voir Ihering, *Du rôle de la volonté dans la possession*, p.
125 et suiv.

3. Les divers ordres d'idées que nous venons d'indiquer rentrent
bien dans ce qu'on peut appeler « les théories générales de la
législation » (V. circulaire ministérielle du 31 janvier 1891). Mais

D'autre part, pour retrouver dans les règles d'une législation déterminée ces principes dirigeants, pour systématiser et appliquer ces règles, le juriste doit lui-même suivre certains principes qui constituent proprement la « méthode juridique » ; quelle que soit la législation à laquelle elle s'applique, cette méthode reste nécessairement la même : elle peut donc faire l'objet d'une étude abstraite et générale [1].

Tel est, autant que nous pouvons le résumer ici, l'objet de la philosophie du droit conçue comme branche de la science juridique. Ainsi conçue, la philosophie du droit est l'étude de l'essence du droit positif en général; c'est, ainsi qu'Austin l'a appelée d'un nom, qui la distingue nettement du « droit naturel », la « philosophie du droit positif ».

La distinction des deux conceptions de la philosophie du droit suppose d'abord établie en principe une différence générale de *nature* entre la science juridique et la science sociale ; elle suppose reconnu que la science juridique constitue non une partie de la science sociale,

il est d'autres théories générales de la législation : ce sont celles qui traitent des principes moraux, économiques et politiques sur lesquels la législation peut être fondée; on ne saurait les faire rentrer dans la philosophie du droit conçue comme branche de la science juridique.

1. Voir Ihering, tome III, chapitre I.

mais une science distincte, un tout indépendant. Peu
importent les analogies ou les différences qui peuvent
exister entre les méthodes qu'emploient la science sociale et la science juridique ¹ ; elles diffèrent par l'é-
lément le plus essentiel, par le but même en vue duquel
chacune d'elles étudie le droit, soit dans l'ordre positif,
soit dans l'ordre philosophique. On méconnaît l'essence
de la science juridique quand on lui assigne comme
objet « tout ce qui peut tenir sous les termes généri-
ques de loi et de droit entendus dans le sens le plus
large » et qu'on la confond avec les sciences qui ont
pour objet, d'une part, la connaissance positive des faits
susceptibles de réagir sur la nature même de la société et, d'autre part, la conception philosophique d'un idéal
social. On insiste beaucoup aujourd'hui et avec raison
sur la solidarité qui existe entre les diverses sciences.

1. La question des rapports de la science sociale et de la
science juridique mise à part, remarquons qu'il est tout-à-fait
inexact de renfermer la science juridique, même purement positive, dans l'emploi de la méthode de déduction, qui procède
du général au particulier. L'induction est un des procédés fondamentaux de l'interprète. « Les idées générales qui, historique-
ment, naissent sous la forme spéciale et concrète, s'en séparent
peu à peu et acquièrent la forme abstraite qui leur revient.....
Ce mode de perfectionnement du droit paraît de préférence ré-
servé à la jurisprudence ... L'opération, au moyen de laquelle
la jurisprudence l'a accompli, est universellement connue sous
le nom *d'extension par analogie.* (Ihering, tome III, pages 85
et 36).

La solidarité réciproque des sciences consiste en ce que
chacune ne peut se développer qu'à la condition d'em-
prunter à d'autres des *données* qu'elle n'établit pas elle-
même. La science juridique emprunte des données aux
sciences sociales, comme la médecine à la physiologie ;
ces diverses sciences n'en restent pas moins distinctes
les unes des autres ; c'est l'application de la division
du travail et de l'échange dans le domaine intellectuel.
Il est évident que, pour comprendre la forme d'organisation qu'une législation déterminée donne à telle institution, il faut connaître les faits sociaux et les considérations de morale et d'économie sociale qui constituent *la raison d'être* de l'institution elle-même ; c'est
une donnée que la science juridique emprunte à la
science sociale. Mais autre chose est de reconnaître les
points de contact qui existent entre la science juridique
et les sciences sociales, autre chose d'en faire un mé-
lange confus d'éléments hétérogènes.

L'étude des lois positives au point de vue purement
juridique et leur appréciation critique au point de vue
de la morale et de l'économie sociale (bien distincte de
leur appréciation au point de vue *technique*) constituent
deux éléments hétérogènes, visiblement disparates, qu'on
ne peut associer que par un lien purement artificiel. Au
contraire la philosophie du droit positif forme, avec

l'étude purement juridique d'une législation déterminée, un tout harmonique : l'une formule les principes dont l'autre fait l'application ; et cette application, par cela même qu'elle devient consciente, acquiert une valeur scientifique supérieure : [la science juridique n'atteint son plein développement que lorsqu'elle prend clairement conscience de ses principes philosophiques.] A vrai dire, elle peut parvenir à un haut degré de perfection dans l'application de ces principes sans concevoir ceux-ci distinctement, et même sans en éprouver le besoin. Mais il vient nécessairement un moment où elle ressent ce besoin d'analyse et où la satisfaction de celui-ci devient une condition essentielle de ses progrès. C'est ce qui se produit à notre époque.

Ce besoin que nous ressentons aujourd'hui en France [1] s'est déjà manifesté en Allemagne et en Angleterre. C'est de lui que procède, en partie du moins, le grand mouvement scientifique que notre siècle a vu se produire en Allemagne et qui a trouvé sa plus haute expression dans l'ouvrage d'Ihering sur l'Esprit du droit romain. Dans cette œuvre admirable, que nous avons, hélas ! perdu l'espoir de voir s'achever, Ihering avait entrepris

1. Non seulement en France, mais aussi dans les pays de langue française : voir le récent ouvrage de M. Roguin, professeur à l'Université de Lausanne, intitulé : « La règle de droit ».

2

de faire ce qu'il appelle « la critique du droit romain [1] »,
c'est-à-dire de dégager « de ce qui est transitoire et
purement romain ce que ce droit contient d'éternel et
d'universel [2] ». Il a donc « établi, à l'occasion de l'appréciation d'un droit particulier, des points de vue qui
sont empruntés *à l'essence du Droit en général* et qui
réclament une place parmi les *vérités générales* [3] ».
Il en a fait l'objet d'une série d'études qui ont dans
l'ensemble de l'ouvrage leur individualité distincte
comme exposé des théories appartenant à la philosophie du droit positif [4]. De cette science on peut dire
qu'Ihering a créé toute une partie qui, avant lui, n'exis-
tait pas, et qu'en outre il a montré tout ce qui est encore à faire pour en constituer les bases générales. —
Peut-être serait-il permis d'avancer que c'est dans
l'œuvre de Ihering, la partie qui a obtenu le moins
d'attention et celle que l'on s'est le moins attaché à

1. T. I, p. 16.
2. T. I, p. 17.
3. T. I, p. 24.
4. Citons les études intitulées : Notion de la technique en général (Appréciations divergentes du juriste et de l'homme du
monde, — Théorie de la technique juridique) ; — L'élément
matériel ou sensible dans le droit ; — Le formalisme (Essence
et importance pratique du formalisme) ; — Définition du droit
(Eléments substantiels de l'idée du droit : utilité, bien, valeur,
intérêt ; — Elément formel ou extérieur du droit : l'action en
justice), etc.

vulgariser, sans doute parce qu'elle semble trop peu
positive, parce qu'elle ne rentre pas directement dans
l'étude du droit romain; n'est-ce pas cependant celle qui
doit être en définitive la plus utile au progrès général
de la science juridique ?

L'Angleterre, quoique très inférieure à l'Allemagne
au point de vue de la science juridique, possède, elle
aussi, une école de jurisprudence philosophique. John
Austin peut en être considéré comme le fondateur :
grâce à l'action qu'il a exercée sur la science juridique
anglaise, la philosophie du droit positif tend à occuper
chez celle-ci une place de plus en plus importante, et
ces dernières années en particulier ont vu se produire
dans cet ordre d'idées un mouvement d'idées qui mé-
rite d'être signalé [1].

Ce qui est remarquable dans les « Lectures » d'Austin, c'est moins l'œuvre que la tentative. Austin a
essayé de montrer comment la philosophie du droit
positif peut constituer un objet d'étude indépendant,
faisant servir à ses fins sous forme d'exemples les

1. Voir dans la *Revue générale de droit,* année 1892, p. 376,
l'article de M. de Kérallain où se trouvent signalés trois ouvrages
de cet ordre : *The science of jurisprudence,* par Rattigan ; —
Elements of jurisprudence, par le D⁻ Holland ; — *Éléments of
law considered with reference to the principles of general jurisprudence,* par le D⁻ Markby.

matériaux que lui fournissent les diverses législations positives sans se subordonner à aucune d'entre
elles en particulier. Telle est l'idée qu'Austin avait entrepris de réaliser dans des leçons orales professées de
1828 à 1832 ; le cours fut interrompu et resta inachevé ;
mais les leçons déjà données furent publiées et for-
mèrent, sous le titre de « Lectures on jurisprudence or
the Philosophy of positive law » un ouvrage qui est
devenu classique en Angleterre [1].

Sans doute, chez Austin, la conception de la philosophie du droit positif est demeurée trop étroite et trop
superficielle ; et son œuvre présente, au point de vue du
fond et de la forme, de graves défauts. Mais ce qui reste
acquis à la science, ce que celle-ci peut mettre à profit,
c'est l'idée même dont procède cette tentative.

Cette idée, Austin l'a énoncée sous une forme remarquable dans un fragment qui a été publié sous ce titre :

1. Austin est assez connu en France pour que nous n'ayons
pas besoin de donner sur lui de longs détails. Il était hautement
apprécié de ses contemporains les plus éminents, non seulement
en Angleterre, mais dans notre pays même : l'Institut de France
le comptait au nombre de ses associés étrangers. M. Guizot, dont
il était l'un des plus intimes amis, disait de lui : « C'était un des
hommes les plus distingués, un des esprits les plus rares et un
des cœurs les plus nobles que j'ai connus. Quel dommage qu'il
n'ait pas su employer tout ce qu'il avait et montrer tout ce qu'il
valait ! »

« De l'utilité de l'étude de la jurisprudence[1], — On
the uses of the study of jurisprudence ». Dans cet
écrit, Austin montre très bien que la science juridique est fondée sur des principes philosophiques qui
lui sont propres et qui sont essentiellement distincts des
principes de la législation considérée comme branche de
la morale et de l'économie sociale[2]; il fait voir la place
qui appartient à la philosophie du droit positif dans
l'enseignement et énonce la méthode générale d'après
laquelle il en fera l'exposé. Il y a là beaucoup d'idées
justes et utiles, exprimées sous une forme généralement très simple.

C'est cet écrit que nous reproduisons, en y joignant
la leçon d'ouverture dans laquelle Austin a donné le
programme de son cours[3].

1. Jurisprudence générale ou Philosophie du droit positif.

2. On peut reprocher à Austin de n'avoir pas distingué, dans
ce qu'il appelle la « Science de la Législation », d'une part, ce qui
appartient à la morale et à l'économie sociale, et, de l'autre, ce
qui appartient à la technique législative et, par conséquent, à la
philosophie du droit positif conçue dans toute son étendue ra-
tionnelle.

3. Nous avons cru pouvoir substituer au titre original du premier de ces deux morceaux un autre titre qui nous a semblé mieux
approprié au but que nous nous proposons: — « La philosophie du
droit positif, — son objet, — son utilité ». — Quant à l'aperçu
général du cours, ce morceau présente sans doute un caractère
un peu spécial, sans parler des défauts qu'on y peut relever, sur
tout au point de vue de la forme; mais nous avons pensé qu'il
précise utilement les idées énoncées dans le premier fragment.

On peut s'étonner que ces pages n'aient jamais été traduites en français. Elles nous semblent fournir une réponse topique aux questions qui se posent aujourd'hui chez nous touchant le rôle de l'esprit philosophique dans la science juridique ; et nous serions heureux si elles pouvaient contribuer en quelque chose à faire prévaloir ce que nous croyons être la vérité. Telle est la pensée qui a inspiré le présent travail ; là se trouve la raison d'être de cette publication et ce qui nous autorise à solliciter pour elle l'indulgence du lecteur [1].

— Le but même que nous nous proposions nous a obligés à faire un choix dans les fragments reproduits ; nous avons notamment écarté tout ce qui ne pouvait intéresser que des lecteurs anglais.

1. L'ouvrage intitulé « Lectures on jurisprudence or the Philosophy of positive law » (2 vol. in-8°, 5° édition publiée par Robert Campbell, chez John Murray, Londres, 1885) renferme trois parties réellement distinctes : 1° Détermination du domaine de la jurisprudence, « The province of jurisprudence determined » (Lectures I-VI) ; ces six leçons ont aussi été publiées à part et constituent la partie de l'œuvre d'Austin la plus connue en France ; c'est, en dépit du titre, une étude, non pas de philosophie du droit positif, mais de philosophie morale et politique où l'auteur s'inspire de la doctrine utilitaire ; — 2° Cours de jurisprudence générale proprement dite (Lectures VI à LVII), demeuré inachevé ; on en verra plus loin le programme détaillé ; — 3° Notes, fragments et tableaux synoptiques ; c'est dans cette dernière partie que se trouve le fragment intitulé : De l'utilité de l'étude de la jurisprudence, « On the uses of the study of jurisprudence » ; ce fragment a d'ailleurs été également publié à part. — Il a été publié à l'usage des étudiants une édition spéciale des « Lectures on jurisprudence » — « Student's edition » — et une Analyse de l'ouvrage original, « Analysis of Austin's jurisprudence », par Robert Campbell. (Londres, John Murray).

La Philosophie du Droit Positif

SON OBJET — SON UTILITÉ

La Philosophie du Droit positif, son objet, son utilité.

L'objet propre de la Jurisprudence considérée dans ses diverses parties est le droit positif, en entendant par droit positif (ainsi appelé dans un sens large) le droit établi, « *positum* », dans une société politique indépendante [1], par l'autorité de la volonté expresse ou tacite du souverain ou pouvoir suprême.

Considérées comme formant un tout et comme s'impliquant les unes les autres par une connexion réciproque, les lois positives et les règles d'une société particulière déterminée constituent un système ou corps de droit ; et, en tant qu'elle se limite à quelqu'un de ces systèmes ou à quelqu'une de ces parties composantes, la jurisprudence est particulière ou nationale. Quoique

---

1. Austin entend par société politique indépendante, celle dont le souverain ne dépend de personne. (Voir *Détermination du domaine de la jurisprudence*, lecture VI).

chaque système ait ses caractères différentiels et spécifiques, il y a des principes, des notions et des classifications qui appartiennent en commun aux divers systèmes
et qui constituent des analogies ou ressemblances éta-
blissant entre ceux-ci comme un lien de parenté.

Parmi ces principes communs, beaucoup appartiennent
à tous les systèmes, aussi bien aux systèmes rudimen-
taires et primitifs des sociétés peu civilisées, qu'aux systèmes plus développés et plus avancés de celles qui sont
parvenues à une culture plus raffinée.

Mais ces derniers se rapprochent les uns des autres
tout à la fois par les nombreuses analogies qui existent
entre tous les systèmes indistinctement et par celles
qui, nombreuses aussi, existent exclusivement entre les
systèmes de cet ordre.

En conséquence, les divers principes communs aux
systèmes les plus avancés (en d'autres termes, les diverses analogies qui existent entre eux) font l'objet d'une
vaste science qui, se distinguant d'une part de la jurisprudence nationale ou particulière, et d'autre part de la
science de la Législation, a été nommée Jurisprudence
générale (ou comparative), — Philosophie (ou principes
généraux) du droit positif [1].

1. *Lectures*, t. 1, p. 32.
De toutes les dénominations concises que j'ai retournées dans
mon esprit, « la philosophie du droit positif » est celle qui désigne
de la manière la plus significative l'objet et le but de mon cours.
J'ai emprunté l'expression à un traité de Hugo, célèbre professeur de jurisprudence de l'Université de Gœttingue, et auteur
d'une excellente histoire du droit romain. Bien que le traité en

De même que les principes abstraits des systèmes de droit positif forment l'objet de la jurisprudence générale, de même l'exposition de ces principes constitue le sujet dont elle traite proprement et exclusivement.

Elle n'a aucun rapport immédiat avec l'appréciation des lois, en tant que celles-ci apparaissent comme bonnes ou mauvaises au regard du critérium de l'utilité, ou de quelque autre de ceux entre lesquels se partage la variété des opinions humaines.

Si, en ce qui concerne quelques-uns des principes qui constituent son objet propre, elle s'arrête à des considérations d'utilité, elle le fait dans le but d'expliquer leur existence et non dans le but de déterminer leur valeur morale [1].

Ceci distingue la science en question de la science de la législation, qui a pour but de déterminer les principes selon lesquels les lois positives doivent être faites et auxquels elles doivent se conformer, — d'abord le principe suprême, l'idéal, — puis les principes subordonnés, en harmonie avec cet idéal.

Si la possibilité d'une pareille science paraît douteuse, cela vient de ce que, dans chaque système parti-

---

question soit intitulé : « Le droit de la nature », il ne se rapporte pas au droit naturel dans le sens usuel de l'expression. Dans le langage de l'auteur, il se rapporte au droit de la nature entendu comme philosophie du droit positif.

1. *Lectures*, t. 1, p. 32.......... « La jurisprudence générale ou philosophie du droit positif traite du droit tel qu'il est nécessairement plutôt que du droit tel qu'il devrait être, — du droit tel qu'il doit être, qu'il soit bon ou mauvais, plutôt que du droit tel qu'il doit être pour être bon. ... »

culier, les principes et les classifications, qui lui appartiennent en commun avec les autres systèmes, sont
compliqués par ses particularités individuelles et sont
exprimés dans un langage technique qui lui est propre.

De là il ne faut pas conclure que ces principes et ces
classifications soient conçus avec une égale exactitude
et d'une manière adéquate dans chaque système particulier. Sous ce rapport, les divers systèmes diffèrent,
mais, dans tous, on trouve ces principes conçus d'une
manière plus ou moins approximative, depuis les notions
grossières des barbares jusqu'aux théories exactes des
jurisconsultes romains ou des juristes éclairés de nos
temps modernes.

J'entends donc par Jurisprudence générale la science
qui a pour objet l'exposition des principes, notions et
classifications appartenant en commun aux divers systèmes de droit, je veux dire, à ceux dont le développement est le plus vaste et le plus avancé et qui, en raison
même de cette étendue et de cette maturité, sont principalement féconds en enseignements.

Parmi les principes, notions et classifications qui
rentrent dans l'objet de la jurisprudence générale, il en
est qui peuvent être considérés comme nécessaires.

En effet, nous ne pouvons supposer avec quelque logique un système de droit (j'entends un système de droit
ayant accompli son évolution dans une société civilisée)
sans concevoir ces principes comme en faisant partie
essentielle.

Je vais indiquer brièvement quelques exemples de ces
principes, notions et classifications nécessaires :

1° Les notions du Devoir, du Droit, de la Liberté, du Délit, de la Peine, de la Réparation, leurs relations réciproques et celles qu'elles ont avec la Loi, la Souveraineté et la Société politique indépendante.

2° La distinction entre le droit écrit ou promulgué, et le droit non écrit ou non promulgué, au sens soit juridique, soit vulgaire, de cette antithèse ; en d'autres termes, entre le droit procédant immédiatement d'un souverain ou législateur suprême et le droit procédant immédiatement d'un sujet ou auteur subordonné (avec l'autorisation du souverain ou législateur suprême).

3° La distinction des droits en droits valant contre toute personne en général (tel par exemple le droit de propriété ou *dominium*) et en droits valant exclusivement contre des personnes spécialement déterminées (tels par exemple les droits résultant des contrats).

4° La distinction des droits valant contre toute personne en général, en propriété ou *dominium* et en droits diversement restreints qui sont détachés de la propriété ou *dominium*.

5e La distinction des obligations ou des devoirs correspondant aux droits qui valent contre des personnes spécialement déterminées, en obligations qui naissent des contrats, obligations qui naissent des délits, et obligations qui naissent de faits qui ne sont ni des contrats ni des délits, mais qui sont appelées par analogie obligations « *quasi ex contractu* ».

6° La distinction des torts ou délits en torts civils (ou délits privés) et crimes (ou délits publics), et, avec elle, la distinction des torts civils (ou délits privés) en torts ou délits dans la stricte acception du mot et en violations des obligations résultant de contrats ou des obligations « *quasi ex contractu* ».

On trouvera, je crois, avec un peu d'attention et de réflexion que tout système de droit (j'entends tout système qui s'est développé dans une société civilisée) renferme les notions et les classifications que je viens de citer comme exemples, et en même temps une multitude de conséquences qui sont connexes à ces notions et classifications et qui en ont été tirées par ceux qui ont construit ces systèmes en vertu de déductions presque inévitables.

Parmi les principes, notions et classifications qui constituent l'objet de la jurisprudence générale, il en est qui ne sont pas nécessaires (dans le sens que j'ai donné à cette expression). Nous pouvons logiquement supposer un système de droit développé, sans les concevoir comme parties constituantes de celui-ci. Mais comme ces principes reposent sur des considérations d'utilité qui trouvent leur application dans toutes les sociétés et qui revêtent une évidence palpable dans toutes les sociétés civilisées, ils se rencontrent de fait très généralement dans les systèmes de droit les plus avancés, et c'est pourquoi ils peuvent, à juste titre, être comptés au nombre des principes communs qui constituent l'objet de la jurisprudence générale.

Telle est, par exemple, la division en « *jus personarum et jus rerum* », principe de la systématisation scientifique que le droit romain a reçue des auteurs des traités élémentaires ou didactiques sur lesquels furent copiées et compilées les Institutes de Justinien. Cette division est, à mon avis, une base arbitrairement posée pour la coordination scientifique d'un corps de droit ; mais, la base étant commode pour cet objet, elle a été très généralement adoptée par ceux qui ont entrepris pareille œuvre de coordination chez les peuples de l'Europe moderne. Elle l'a été généralement par les rédacteurs des Codes officiels qui sont en vigueur chez quelques-unes de ces nations, et par les auteurs qui ont à titre privé composé des traités embrassant l'exposition du corps de droit dans son ensemble. Bien plus, parmi ceux qui se sont trompés sur la portée de cette classification et l'ont dédaigneusement rejetée, discréditée qu'elle était à leurs yeux par ce qu'il y a d'obscur dans l'antithèse de « *jus personarum et rerum* », quelques-uns l'ont cependant employée sous d'autres noms (assurément plus appropriés) comme la base d'un ordre naturel, entendant par là, je présume, un ordre si commode et possédant si pleinement et si évidemment cette qualité, que tout judicieux ordonnateur d'un corps de droit devrait l'adopter naturellement comme allant de soi.

Il sera impossible ou sans utilité de tenter une exposition de ces principes, notions et classifications, jusqu'à ce que nous ayons, par une scrupuleuse analyse, déterminé la signification de certains termes capitaux que nous devons nécessairement employer, termes qui reviennent sans cesse dans toutes les branches de cette science, et que nous sommes certains de rencontrer, de quelque côté que nous nous tournions.

Tels sont par exemple les suivants : Loi, Droit, Obli-

gation, Délit, Sanction, Personne, Chose, Acte, Abstention. Si la portée de ces termes n'est pas déterminée
dès le principe, les raisonnements qui seront fondés
sur eux ne seront qu'un bavardage incertain. Il n'est
pas rare que les écrivains qui s'appellent et se croient
« didactiques » prennent comme accordé qu'ils connais-
sent la signification de ces termes, et que cette signification doit être connue de ceux à qui ils s'adressent.

Induits en erreur par un critérium trompeur, ils s'i-
maginent que la signification de ces termes est simple et
certaine par la seule raison qu'ils sont d'un usage familier.
Ne s'arrêtant pas à se demander quelle est leur portée,
ne soupçonnant pas que ce point puisse avoir besoin
d'examen, ils les lancent devant le lecteur sans aucun
essai d'explication et ils se mettent sans plus de céré-
monie à disserter sur eux. Ces termes, néanmoins, offrent
de nombreuses ambiguïtés, leur signification au lieu
d'être simple est extrêmement complexe ; et tout traité
embrassant le droit dans son ensemble devrait faire
ressortir distinctement ces équivoques et ramener ces
termes complexes aux termes plus simples dans lesquels ils se décomposent.

Beaucoup de ceux qui ont écrit sur le Droit ont donné
la définition de ces termes. Mais la plupart de leurs définitions sont conçues de telle façon qu'au lieu de répandre
la lumière sur la chose définie, elles épaississent autour
d'elle l'obscurité. Dans la plupart des essais de définition
des termes en question, il y a toute la pédanterie de la
logique sans sa réalité, la forme et l'écorce sans la subs-
tance. Ces prétendues définitions sont simplement des

cercles vicieux ; elles tournent ou sur les termes mêmes qu'elles prétendent éclaircir ou sur des termes exactement équivalents. A la vérité, quelques-uns de ces termes ne se prêtent pas à des définitions conçues en forme régulière. Et d'ailleurs, les définir de la sorte est tout à fait inutile, car les termes d'une définition concise et abrégée ont aussi grand besoin d'être éclaircis que celui-là même qu'ils définissent.

La portée des termes en question est extrêmement complexe. Ce sont des en-tête sommaires pour de longues séries de propositions. Et ce qui aggrave la difficulté qu'on trouve à expliquer clairement leur signification, c'est la connexion intime et indissoluble qui existe entre eux. Etablir la signification de chacun et montrer la relation dans laquelle chacun se trouve par rapport aux autres n'est pas une chose qu'on puisse faire au moyen de définitions sommaires et isolées les unes des autres, mais exige une dissertation développée, approfondie et bien enchaînée.

Par exemple, il y a des classes diverses de lois ou de règles. Or il faut distinguer ces classes avec soin, car la confusion que l'on en fait sous une dénomination commune, et la tendance qui en résulte à mêler ensemble le Droit et la Morale, constituent une des sources les plus fécondes de logomachie, d'obscurité et d'embarras. Une analyse soigneuse des termes fondamentaux dégagera le Droit de la Morale et limitera l'attention de l'étudiant en jurisprudence aux catégories et divisions qui appartiennent exclusivement au Droit.

Or, pour distinguer les diverses classes de lois, il faut

3

procéder de la façon suivante : exposer tout d'abord les ressemblances qui existent entre elles et ensuite les différences spécifiques, établir pourquoi elles sont comprises sous une expression commune, et ensuite par quels caractères elles se distinguent les unes des autres.

Tant que cela n'est pas fait, on ne peut discerner avec précision l'objet propre de la jurisprudence ; il n'a pas encore de relief, il n'est pas suffisamment dégagé des objets semblables ou analogues avec lesquels il est susceptible d'être confondu [1].

C'est ainsi, par exemple, que pour établir la distinction du droit écrit et du droit non écrit, il nous faut rechercher soigneusement la nature de ce dernier, question qui est pleine de difficultés et qui n'a guère été examinée avec la précision voulue par la plupart des écrivains qui ont dirigé leur attention sur ce sujet. Je trouve cette notion fort attaquée, et je ne la trouve pas moins hautement célébrée [2] ; mais je trouve à peine un essai tenté pour déterminer en quoi elle consiste ; or, si cette question plus modeste était bien approfondie, nombre de controverses engagées au sujet de sa valeur tomberaient probablement. On reconnaîtrait qu'il est inutile de comparer d'une manière générale et *in abstracto* les mérites de ces deux formes du droit ; et l'op-

---

1. C'est là l'objet qu'Austin se proposait tout d'abord dans sa « Détermination du domaine de la Jurisprudence ».

2. Dans le débat ouvert en Allemagne, entre l'école philosophique et l'école historique (notamment entre Thibaut et Savigny), sur la question de la Codification.

portunité de l'opération appelée Codification se résou-
drait en une question de temps, de lieu et de circons-
tances.

Le terme « Jurisprudence » lui-même n'est pas
exempt d'ambiguïté ; il a été employé pour signifier :

1° La connaissance du Droit en tant que science, unie
à l'art, à l'habitude pratique, au maniement habile de
son application ;

2° La science de la Législation, science de ce qui devrait être fait au point de vue de la confection de bonnes
lois, unie à l'art de les faire.

Comme la connaissance de ce qui devrait être suppose la connaissance de ce qui est, la science de la Législation implique la connaissance de la Jurisprudence ;
mais la connaissance de la Jurisprudence n'implique
pas la science de la Législation : on peut connaître ce
que les lois sont et ont été, sans savoir ce qu'elles de-
vraient être...

Il est impossible d'étudier la Jurisprudence tout à fait
à part de la Législation, puisque les motifs ou considérations d'opportunité, qui conduisent à l'établissement
des lois, doivent être envisagés pour expliquer l'origine
de celles-ci ou leur mécanisme. Si les raisons d'être des
lois et des droits et obligations qu'elles créent ne sont
pas déterminées, les lois elles-mêmes sont inintelli-
gibles.

Là où, relativement à une même matière, les données
fournies par les divers systèmes diffèrent entre elles, il
est nécessaire de déterminer les causes de cette différence, qu'elles consistent dans une diversité fatale des

situations ou dans une opposition de vues chez les législateurs relativement aux fins du Droit. Ainsi, l'interdiction, ou l'admission limitée des substitutions dans
tel système, et leur admission étendue dans tel autre,
sont dues, en particaux conditions différentes dans lesquelles les sociétés sont placées, en partie aux points
de vue différents des législateurs aristocratiques et dé-
mocratiques par lesquels ces dispositions ont été respectivement portées.

Toutes les fois que ces causes de divergences législa-
tives ont le caractère de nécessités qui s'imposent à des
pays différents, il ne saurait y avoir matière à éloge ou
à critique. Là où elles impliquent un choix, il y a place
pour l'éloge ou la critique ; néanmoins, ce n'est pas
comme sujettes à l'un ou à l'autre que je les considé-
rerai, mais uniquement comme raisons propres à expliquer l'existence des différences en question. Ainsi pour
l'admission ou la prohibition du divorce, les mariages
à certains degrés, etc...

Toutes les fois qu'on émet une opinion au sujet des
mérites ou des défauts de la loi, on devrait présenter un
exposé impartial des opinions contradictoires. Le
professeur de Jurisprudence peut avoir et a probablement des opinions personnelles bien arrêtées ;
d'ailleurs, on peut se demander si une certaine chaleur
est moins favorable à l'impartialité que l'indifférence ;
en outre, il ne doit pas s'efforcer d'insinuer son opinion
sur les mérites ou les défauts des lois sous couleur d'en
déterminer les causes. En certaines matières qui n'ex-
citent point les passions (comme l'annulation des con-

trats pour insuffisance de « cause »), il peut avec avan-
tage exposer les opinions relatives aux qualités ou aux
défauts de la loi. Ces excursions occasionnelles sur le
domaine de la Législation peuvent servir à donner un
spécimen de la manière de traiter les questions de cette
nature. Ceci s'applique en particulier à la codification :
une question qui peut être discutée en toute sécurité,
par la raison que chacun doit admettre que la loi a
besoin d'être connue, quoi qu'il puisse penser relativement aux dispositions dont elle doit être formée.

Se proposant d'exposer les principes qui font l'objet
de la science de la Jurisprudence (ou plutôt d'en exposer
ce qu'un cours limité dans l'étendue de ses leçons peut
en embrasser), le professeur ne doit pas seulement
viser à le faire en des termes généraux et abstraits,
mais il doit encore s'efforcer d'éclaircir ceux-ci par des
exemples tirés des systèmes de droit particuliers,
spécialement par des exemples tirés du droit anglais
et du droit civil romain [1].

Pour les raisons qui suivent (raisons suffisantes par
elles-mêmes, mais auxquelles on peut en ajouter beaucoup d'autres), le droit civil romain est, de tous les systèmes particuliers autres que le droit anglais, la meil-
leure des sources dont on peut tirer des exemples de ce

1. Austin dit ailleurs : « Il n'y a que les systèmes de droit de
deux ou trois nations qui méritent attention : — les écrits des
jurisconsultes romains, les décisions des tribunaux anglais dans
les temps modernes, les dispositions des Codes Français et Prussien
au point de vue de la coordination systématique. » Il faut se rap-
peler que ceci a été écrit en 1832.

genre. Chez quelques-unes des nations de l'Europe continentale moderne (en France par exemple), le système actuel de droit est principalement d'origine romaine ; et chez d'autres (ainsi dans les États de l'Allemagne), quoique n'étant pas d'origine romaine, il s'est intimement assimilé au droit romain par les nombreux emprunts qu'il lui a faits.

Ainsi donc, chez la plupart des nations de l'Europe continentale moderne, une grande partie du fond du système actuel et du langage technique dont il est revêtu est dérivée du droit romain, et, sans quelque notion de celui-ci, ce langage technique est inintelligible ; en outre, l'ordonnance selon laquelle les matières du système sont généralement disposées est conçue sur le modèle du plan didactique présenté par les Instituts de Justinien.

Même dans notre propre pays, le Droit ecclésiastique et l'Équité pour une large part, le Droit commun dans une certaine mesure (restreinte à la vérité) sont dérivés du droit romain, soit immédiatement, soit par l'intermédiaire du droit canon. L'influence du droit romain ne s'est pas limitée au droit positif des nations modernes de l'Europe. En effet, la langue technique de ce système universel a profondément marqué de son empreinte celle du droit international ou droit purement moral que ces nations font profession d'observer entre elles. Ainsi le professeur qui fait l'exposé de la jurisprudence générale, et qui éclaire par des exemples le sujet propre de ses leçons, pourrait, en puisant largement ceux-ci dans le droit civil romain, donner une idée d'une législation

qui est la clef du droit international et de la diplomatie,
en même temps que d'une grande partie du droit positif en vigueur dans les sociétés civilisées du monde
moderne...

Après avoir déterminé d'une manière générale la nature de la science de la Jurisprudence et aussi le mode
selon lequel je crois qu'elle doit être exposée, je passe à
l'indication sommaire de quelques-uns des genres d'utilité qu'elle peut avoir.

Je voudrais d'abord faire remarquer qu'une étude sérieuse des principes qui forment l'objet de cette science,
serait une préparation utile à l'étude du droit anglais[1].

Ce droit apparaît naturellement comme un assem-
blage de règles arbitraires et sans lien à l'étudiant qui
commence à l'apprendre, sans avoir déjà quelque connaissance préalable du « *rationale* » du droit en général.
Mais si, en l'abordant, il avait une connaissance sérieuse
des principes généraux de la jurisprudence et le plan
d'un système de droit distinctement imprimé dans son
esprit, il pourrait en acquérir une notion claire (en tant
que système ou tout organique) avec une facilité et une
rapidité relatives. C'est aussi avec les mêmes avantages
qu'il pourrait saisir les diverses relations de ses différentes parties, la dépendance de ses règles les plus
menues par rapport à ses principes généraux, et la su-
bordination des principes qui sont moins généraux ou

1. Il est évident que l'idée exprimée ici par Austin a une portée
générale, et s'applique en chaque pays à l'étude du droit national.

d'une application moins étendue relativement à ceux qui
sont plus généraux et pénètrent toute sa structure.

Bref, l'étude préliminaire des principes généraux de
la jurisprudence et les habitudes mentales que cette
étude tend à faire naître le rendraient apte à acquérir
la connaissance des principes du droit anglais, et surtout
à l'acquérir beaucoup plus rapidement et beaucoup plus
à fond qu'il n'aurait pu vraisemblablement le faire s'il
les avait abordés sans cette formation préparatoire [1].

Il existe, je crois, une opinion assez répandue d'après
laquelle l'étude de la science, dont j'essaie de démontrer
l'utilité, tendrait à rendre l'étudiant impropre à la pratique ou à lui en inspirer le dégoût.

Que quelques-uns de ceux qui ont étudié cette science
se soient montrés impropres à la pratique ou aient
conçu du dégoût pour celle-ci, cela peut être, mais, en
dépit de ce semblant d'expérience en faveur de l'opinion en question, je nie que cette étude ait par elle-
même la tendance que celle-ci lui impute.

Une connaissance sérieuse des principes généraux de
la jurisprudence aide, comme je l'ai dit, à acquérir une
connaissance sérieuse des principes du droit anglais;
et celle-ci ne peut guère rendre l'étudiant incapable
d'acquérir les connaissances pratiques dans l'étude d'un
notaire, d'un avocat, d'un homme d'affaires.

---

1. « De même qu'une connaissance sérieuse de cette science
faciliterait à l'étudiant celle du droit anglais, de même elle le
rendrait capable de saisir avec une facilité et une rapidité relatives presque toutes les législations étrangères vers lesquelles il
pourrait diriger son attention (p. 1085). »

[Pourvu de cette connaissance préliminaire, il saisit, avec une facilité et une rapidité relatives, le « *rationale* » de la pratique qu'il a sous les yeux et à laquelle il prend part ; et, pour lui, l'acquisition des connaissances d'application, de la dextérité et de l'habileté pratiques est beaucoup moins fastidieuse qu'elle ne le serait si elle était purement empirique] si bien que l'étude des principes généraux de la jurisprudence, au lieu d'avoir en quoi que ce soit la tendance que l'opinion en question lui impute, tend (en dernière analyse) à nous rendre aptes à la pratique et à diminuer le dégoût naturel qu'éprouvent à son endroit les commençants...

Aperçu général du Cours de Philosophie
du Droit Positif

Aperçu général du cours de philosophie du droit positif

EXPLICATIONS PRÉLIMINAIRES

En premier lieu, je déterminerai le domaine de la jurisprudence.

En second lieu, le domaine de la jurisprudence une fois déterminé, je distinguerai la jurisprudence générale ou Philosophie du droit positif de ce qu'on peut appeler la jurisprudence particulière ou la science des législations particulières, c'est-à-dire la science de tout système de droit positif qui est maintenant ou a été autrefois effectivement en vigueur chez une ou des nations spécialement déterminées.

En troisième lieu, après avoir déterminé le domaine de la jurisprudence et distingué la jurisprudence générale de la jurisprudence particulière, j'analyserai certaines notions que nous rencontrons à chaque pas quand

nous voyageons à travers la science du droit. Parmi ces
notions, parmi ces termes capitaux, les plus importants
et les plus remarquables sont les suivants :

Personne et chose. Fait, événement et accident. Acte,
abstention et omission. Devoir légal, relatif ou absolu[1].

Droit au sens légal. Droits légaux *in rem* avec les
officia qui leur correspondent. Droits légaux *in personam* avec les obligations qui leur correspondent. Privi-
lège légal, Permission (émanant du Souverain, de l'État),
et Liberté politique ou civile.

Délit ou tort, civil ou criminel.

---

1. Austin faisant constamment usage de cette distinction au
cours du présent aperçu, il est nécessaire de reproduire ici l'explication qu'il en donne — toutes réserves faites sur la valeur
de cette idée extrêmement contestable. « Une obligation relative
est celle qui est la conséquence d'un droit auquel elle correspond. Une obligation absolue est celle qui n'est pas corrélative
à un droit, celle qui n'est pas la conséquence d'un droit correspondant. Comme exemple d'une obligation absolue, je peux
mentionner l'obligation de s'abstenir d'actes de cruauté envers
quelqu'un des animaux qui nous sont soumis ; car l'un des éléments nécessaires du droit (qui serait corrélatif à cette obligation et lui correspondrait) fait défaut. Il n'y a aucune personnalité individuelle ou complexe envers qui doive être observée
l'obligation dont il s'agit. — J'ai cité l'exemple ci-dessus d'une
obligation absolue, parce qu'il est extrêmement simple et qu'il
peut être énoncé en quelques mots. Mais comme je le ferai voir,
dans mes leçons préliminaires, les obligations absolues sont très
nombreuses et un grand nombre d'entre elles sont très importantes.

« Ainsi je montrerai dans mes leçons préliminaires qu'il y a
trois cas dans lesquels une obligation est absolue ou dans lesquels
elle ne correspond pas à un droit corrélatif, — à rien qui puisse

Culpa (dans le sens le plus large du terme) — ou les fondements, les causes d'imputation — notion qui implique : celle du désir ou appétit, — du désir en tant qu'il constitue un mobile et en tant qu'il constitue la volonté, — celles d'intention, de négligence, de légèreté et de témérité ou imprudence. — Les fondements ou causes de la non-imputation, *exempli gratia* : enfance — folie — *ignorantia facti* — *ignorantia juris* — *casus* ou accident — *vis* ou violence.

Sanction légale, civile ou criminelle.

Après avoir déterminé le domaine de la Jurisprudence, distingué la Jurisprudence générale de la Jurisprudence particulière, et analysé certaines notions courantes dans la science du droit, je quitterai cette matière qui est purement préliminaire, bien que nécessaire et inévitable, et je passerai suivant l'ordre rationnel aux différentes

---

être appelé un *droit*, à moins que nous ne donnions à ce terme un sens si large et si vague que, par le fait, il ne signifie plus rien du tout. Ces trois cas peuvent être énoncés brièvement de la manière suivante : — L'obligation est absolue dans le cas où il n'y a aucune personnalité individuelle ou complexe envers qui elle doive être observée. — L'obligation est absolue dans le cas où les personnes envers qui elle doit être observée sont *incertaines, indéterminées*. — L'obligation est absolue, dans le cas où la seule personnalité envers qui elle doit être observée est le monarque ou le corps souverain qui gouverne la communauté. » — Cette dernière idée s'explique par le point de vue qu'Austin adopte touchant les rapports du souverain et des sujets, savoir que le pouvoir de celui-là sur ceux-ci ne constitue un droit qu'au sens moral, mais non au sens juridique.

Voir leçon VI dans la *Détermination du domaine de la jurisprudence*.

divisions et subdivisions entre lesquelles je distribue et
répartis le corps, la masse de mon sujet.

Or le principe de ma classification générale et la base
des grandes divisions qui en résultent se trouvent dans
les considérations suivantes :

1° Sous la réserve de légers correctifs, le caractère
essentiel d'une règle de droit positif (la différence qui la
sépare d'une règle qui n'appartient pas au droit positif)
peut être formulée de la manière suivante : Toute
règle de droit positif (au sens propre et strict de cette
appellation) est imposée par un souverain, qui est soit
un individu, soit une collection d'individus, à une ou
des personnes placées dans un état de sujétion vis-à-
vis de celui-ci. Mais certaines règles de droit positif
sont établies *immédiatement* par le souverain, tandis
que d'autres sont établies *immédiatement* [1] par des autorités politiques subordonnées, c'est-à-dire par des particuliers en vertu des droits qui leur appartiennent lé-
galement [2].

En conséquence de ces différences entre leurs auteurs *immédiats*, les règles de droit sont dites émaner
de diverses *sources* ou origines.

2° Une règle de droit peut s'établir ou prendre fin
selon des *modes* différents, qu'elle soit posée immédiatement par le souverain individuel ou collectif, ou par

1. Elles procèdent toujours au moins médiatement du souverain.
2. C'est-à-dire par des *particuliers* en vertu des fonctions pu-
bliques qu'ils remplissent.

un particulier placé dans un état de dépendance vis-à-vis du souverain.

3° Indépendamment des diversités qui existent entre leurs sources et entre les modes selon lesquels elles naissent et prennent fin, les règles de droit sont destinées et appropriées à l'accomplissement de *buts* divers et ont trait aussi à des *objets* divers.

Posée et établie par tel ou tel auteur *immédiat*, naissant et prenant fin selon tel ou tel *mode*, destinée et appropriée à l'accomplissement de tel ou tel *but*, ayant trait à tel ou tel *objet*, la règle de droit peut être envisagée sous deux aspects distincts et peut aussi faire, à juste titre, l'objet d'une division en deux chefs principaux que je vais indiquer brièvement.

Dans la première de ces divisions fondamentales, la règle de droit sera considérée par rapport à ses *sources* et par rapport aux *modes* selon lesquels elle naît et prend fin. Dans la seconde de ces grandes divisions la règle de droit sera considérée par rapport à ses *fins* et par rapport aux *objets* auxquels elle se réfère.

DE LA RÈGLE DE DROIT CONSIDÉRÉE PAR RAPPORT A SES SOURCES ET AUX MODES SELON LESQUELS ELLE NAIT ET PREND FIN.

I. Une règle de droit peut être posée *immédiatement* par le souverain ou par quelqu'un qui est placé dans un état de dépendance vis-à-vis du souverain. De là, la distinction entre *le droit écrit* et le *droit non écrit*, selon

4

le langage usité dans les traités des civilistes modernes
et des écrivains qui ont traité de la jurisprudence générale. De là aussi la distinction équivalente entre le
droit *promulgué* et le droit *non promulgué*, selon le
langage usité dans ces mêmes traités. Selon le sens ha-
bituellement attaché dans ces traités aux termes dont
il s'agit, le droit écrit ou promulgué est celui dont le
souverain est l'auteur immédiat, tandis que le droit non
écrit ou non promulgué est celui qui découle immédiatement de quelque source subordonnée.

Les deux distinctions entendues dans ce sens seront
exposées dans les leçons où j'expliquerai les sens très-
divers qui sont souvent attachés à ces termes.

II. Qu'elle soit posée *immédiatement* par le souverain
(individuel ou collectif) ou par quelque autorité politique
placée dans un état de dépendance vis-à-vis du souverain, une règle de droit peut être établie selon l'un
ou l'autre de ces deux modes, savoir : selon le mode
législatif proprement dit (par voie de législation directe)
ou selon le mode législatif improprement dit (par voie
de législation judiciaire).

Une règle de droit établie selon le mode législatif
proprement dit est posée par son auteur *comme règle* ;
le but direct et propre de celui-ci est l'établissement de
la règle en question. Une règle établie selon le mode
législatif improprement dit est supposée par son auteur comme faisant le fondement d'une décision judiciaire. Le but direct et propre de celui-ci est la décision
d'un cas particulier et non l'établissement de la règle,
qu'il suppose et applique à ce cas. A proprement parler

l'auteur de cette règle légifère en tant que *juge* et non en tant que *législateur*.

Ainsi que je l'ai donné à entendre plus haut, le souverain (individuel ou collectif) ou toute autorité politique dépendant du souverain peut légiférer dans l'un et l'autre mode. Par exemple, les empereurs romains, les princes du Bas-Empire étaient, officiellement aussi bien qu'effectivement, souverains du monde romain, et cependant ils ont établi des règles de droit dans les *décrets* qu'ils ont rendus judiciairement aussi bien que dans les constitutions en forme d'*édits* qu'ils ont portées en leur qualité de législateurs. Et d'un autre côté les préteurs romains, qui étaient à proprement parler des sujets revêtus de la qualité de magistrats, ont établi des règles de droit par voie de législation directe dans les édits qu'ils publiaient à leur entrée en charge. Les *rules of practice*[1], qui émanent des Cours anglaises, sont aussi des exemples de règles de droit établies selon le mode législatif par des autorités politiques subordonnées.

Comme la véritable essence en est souvent méconnue, je m'efforcerai d'analyser avec soin la distinction que je viens d'indiquer, entre le droit établi directement (ou selon le mode législatif proprement dit) et le droit établi judiciairement (ou selon le mode législatif improprement dit).

Après avoir déterminé les différences essentielles qui existent entre ces deux sortes de législation, je compa-

1. « Règles de pratique ». — Comp. les « Arrêts de règlement » des anciens Parlements en France.

rerai brièvement leurs mérites et leurs défauts respectifs et j'étudierai ensuite d'une manière sommaire la
question connexe de la codification.................

. . . .

[Nous croyons inutile de reproduire les développements qui terminent cette première partie et nous nous
bornons à en donner l'analyse d'après l'auteur lui-
même. — Voir le résumé du présent aperçu dans le
tome I, page 74.]

Occasions ou motifs de l'établissement des règles de
droit, fréquemment confondus avec ses sources :

Jus moribus constitutum, ou droit établi par une
décision judiciaire d'après une coutume préexistante.

Jus prudentibus constitutum, ou droit établi par une
décision judiciaire, d'après l'opinion et la pratique de
juristes ayant le caractère de simples particuliers et
sans autorité officielle.

Droit naturel des juristes modernes avec son équivalent *jus naturale, jus gentium*, ou *jus naturale et
gentium* des jurisconsultes romains classiques.

Jus receptum, ou droit établi par une décision judiciaire conformément à une règle de droit régnant chez
une nation étrangère et indépendante [1].

---

1. L'auteur cite, à titre de *jus receptum*, le droit romain en
Allemagne.

Droit établi par une décision judiciaire conformément à la morale positive internationale [1].

Distinction des règles de droit positif en *droit* proprement dit et *équité*, ou en *jus civile* et *jus prætorium*.

Modes selon lesquels les règles de droit sont abrogées ou selon lesquels elles prennent fin d'une autre manière.

DE LA RÈGLE DE DROIT CONSIDÉRÉE PAR RAPPORT À SES FINS ET AUX OBJETS AUXQUELS ELLE A TRAIT

[Cette seconde partie s'ouvre par un exposé de la division des règles légales en droit des personnes et droit des choses ; l'auteur explique ensuite les raisons pour lesquelles il croit devoir traiter du droit des choses avant de traiter du droit des personnes. Nous reproduisons la plus grande partie des développements relatifs au droit des choses ; c'est la partie la plus importante de cet aperçu ; quant au droit des personnes, l'auteur se contente d'en donner une longue nomenclature, dont nous nous bornerons à reproduire le résumé tel qu'il l'a formulé lui-même.

1. C'est-à-dire conformément aux principes *du droit international*, mais l'auteur s'abstient scrupuleusement d'employer cette expression qu'il considère comme impropre.

Voir *Détermination du domaine de la jurisprudence*.

Droit des choses

I. Il y a des faits ou événements qui donnent naissance à des droits et obligations, — qui sont causes ou
antécédents légaux de droits et d'obligations, — dont
ces droits et ces obligations sont les effets ou conséquences légales.

Il y a également des faits ou événements qui éteignent
les droits et les obligations, — à raison desquels les
droits et les obligations prennent fin et cessent d'exister.

Les faits, qui sont causes de droits et d'obligations,
peuvent être divisés de la manière suivante : savoir, d'une
part les actes, abstentions et omissions qui sont des violations de droits ou d'obligations, et, d'autre, part les
faits qui *ne sont pas* des violations de droits ou d'obligations[1].

Les actes, abstentions et omissions, qui sont des violations de droits ou de devoirs juridiques, sont appelés
délits, *torts* ou *lésions*[2].

1. Cette classification repose évidemment sur un cercle vicieux :
elle ne nous apprend rien sur la nature des faits qui engendrent
les droits appelés par Austin droits primaires. En outre, la violation d'un droit n'engendre un nouveau droit qu'autant qu'elle
résulte d'une faute, car c'est seulement à cette condition qu'elle
constitue un délit — voir note suivante.

2. Austin méconnait la distinction essentielle de l'injustice coupable et de l'injustice non coupable ; la première seule constitue
un délit et engendre un droit nouveau, le droit à la réparation.
— Voir Ihering, *Théorie de la faute*, p. 5-9.

Les droits, et les obligations qui sont les conséquences des délits ont le caractère d'une *sanction* (caractère préventif) et le caractère d'un *remède* (caractère réparatif). En d'autres termes, la fin, le but en vue duquel ils sont conférés ou imposés est double : en premier lieu, prévenir la violation de droits et d'obligations qui ne sont pas eux-mêmes la conséquence de délits ; en second lieu, remédier aux maux, réparer le dommage que de telles violations engendrent[1].

On peut distinguer les droits et devoirs juridiques qui ne sont pas la conséquence de délits par la dénomination de *primaires* (ou principaux), et les droits et devoirs juridiques qui sont la conséquence de délits par la dénomination de *sanctionnateurs* (ou secondaires)...

En conséquence, je répartis la matière du droit des choses en deux divisions principales :

1° Droits primaires et devoirs relatifs primaires.

2° Droits sanctionnateurs et devoirs sanctionnateurs (relatifs ou absolus) en y comprenant les délits ou torts qui sont causes ou antécédents des droits et des devoirs sanctionnateurs.

II. Je viens de formuler et de présenter la base de ma classification générale de la matière du droit des

---

1. Sous le nom de droit sanctionnateur, Austin érige en un droit distinct l'*action* qui constitue la garantie essentielle de tout droit. L'action est la *sanction* du droit, elle est un élément du droit : elle ne constitue donc pas un droit distinct ; lorsqu'elle est intentée, il n'y a là qu'un mode particulier d'exercice du droit, occasionné par la contestation ou la violation de ce droit.

Voir Ihering, t. IV, p. 327 et 333.

choses et les deux divisions fondamentales dans lesquelles je répartis cette matière. Plusieurs des subdivisions, dans lesquelles elle se partagent immédiatement,
reposent sur un principe que j'exposerai dans mes
lectures préliminaires, mais que, néanmoins, je puis
indiquer utilement à cet endroit de mon aperçu.

La distinction dont il s'agit s'applique aux *droits* et,
par une conséquence nécessaire, aux *devoirs relatifs*
qui correspondent aux droits. Voici comment on peut
la formuler :

Tout droit, qu'il soit primaire ou sanctionnateur, réside sur la tête d'une personne déterminée et certaine
ou de plusieurs personnes (j'entends, par personne déterminée, celle qui est déterminée individuellement). Ce
droit vaut contre une ou des personnes, ou correspond
à un devoir relatif incombant à une ou des personnes
autres que celle (ou celles) sur la tête de laquelle il réside. Mais si tout droit réside sur la tête d'une personne
ou de plusieurs personnes déterminées, il peut valoir
soit contre une ou plusieurs personnes déterminées,
soit contre toute personne en général. En d'autres
termes, le devoir juridique impliqué par le droit ou
auquel le droit correspond peut incomber exclusivement à une ou plusieurs personnes déterminées, ou il
peut incomber aux personnes prises en général et d'une
manière indéterminée.

Les devoirs juridiques correspondant aux droits qui
valent contre toute personne en général sont *négatifs*,
c'est-à-dire que ce sont des devoirs d'*abstention*. Parmi
les devoirs juridiques correspondant aux droits qui

valent contre des personnes déterminées, quelques-uns sont négatifs, mais d'autres, et c'est le plus grand nombre, sont *positifs*, c'est-à-dire que ce sont des devoirs *d'action* ou obligations de *faire*.

Grotius et d'autres auteurs définissent un droit valant contre toute personne en général : « *Facultas personæ competens sine respectu ad certam personam* », et un droit valant exclusivement contre une ou des personnes déterminées : « *Facultas personæ competens in certam personam.* »

La plupart des juristes modernes nomment (quoique les jurisconsultes romains ne l'aient pas fait) les droits qui valent contre toute personne en général *jura in rem*, et ceux qui valent contre des personnes déterminées *jura in personam* ou *jura in personam certam*; et c'est par ces dénominations opposées de droits *in rem* et de droits *in personam* que je distingue les droits de la première catégorie des droits de la seconde.

J'indiquerai dans mes leçons mes raisons de les adopter de préférence à d'autres ; je m'efforcerai de les dégager de toute obscurité et les comparerai aux dénominations équivalentes des jurisconsultes romains.

Les devoirs juridiques relatifs, correspondant aux droits *in rem* peuvent être commodément distingués de ceux de la classe opposée par la dénomination spéciale *d'officia* ; et les devoirs juridiques relatifs correspondant aux droits *in personam* par la dénomination spéciale *d'obligations*. [1]

1. En conséquence de cette distinction l'auteur emploie presque invariablement le terme «obligation» dans son sens strict comme

Pour éclairer par des exemples la distinction que je viens de formuler en termes généraux, je m'arrête (avec la brièveté qu'imposent les limites d'un aperçu) sur le droit de propriété et sur les droits qui naissent des contrats.

Le propriétaire d'un objet donné a un droit *in rem*, puisque le devoir relatif correspondant à son droit est un devoir, incombant aux autres personnes considérées d'une manière générale et indéterminée, de s'abstenir de tous les actes qui l'empêcheraient de se servir de l'objet conformément au but légitime en vue duquel son droit existe.

Mais si je suis, moi tout seul, ou si nous sommes, vous et moi, conjointement obligés par contrat ou convention de payer une somme d'argent ou de ne pas exercer une profession dans des limites convenues, le droit du créancier ou stipulant est un droit *in personam*, le devoir relatif correspondant à son droit étant une obligation d'agir ou de s'abstenir, qui incombe exclusivement à une ou des personnes *déterminées*.

III. Appuyé sur les prémisses que j'ai posées, je peux maintenant indiquer la méthode et l'ordre selon lesquels je traite la matière du droit des choses. Voici comment cet ordre méthodique peut être présenté.

correspondant passivement à un droit *in personam* ; quant à l'obligation au sens indéterminé, il la désigne par le mot « duty », *devoir* ; mais comme le terme français *devoir* appartient à la langue de la morale plutôt qu'à celle du droit, tantôt nous y ajoutons l'épithète « juridique », tantôt nous traduisons par le terme « obligation » pris dans un sens indéterminé.

Je répartis la matière du droit des choses sous deux grandes divisions.

Le contenu de la première de ces grandes divisions consiste dans les droits *primaires* et les devoirs relatifs primaires, que je distribue en quatre sections : A. Droits *in rem* en tant qu'ils existent *per se* ou en tant qu'ils ne sont pas combinés avec des droits *in personam*. — B. Droits *in personam* en tant qu'ils existent *per se* ou en tant qu'ils ne sont pas combinés avec des droits *in rem*. — C. Combinaison de droits *in rem* et de droits *in personam*, qui ont lieu à titre particulier et sont relativement simples. — D. Universalités de droits et d'obligations (ou aggrégats complexes de droits et d'obligations) qui dérivent d'une succession universelle.

Les droits *sanctionnateurs* (tous sont des droits *in personam*), les devoirs *sanctionnateurs* (les uns sont relatifs, les autres absolus), et en même temps les *délits* ou *torts* (qui sont les causes ou antécédents des droits et devoirs sanctionnateurs) forment le contenu de la seconde des grandes divisions dans lesquelles je répartis la matière du droit des choses.

Mais, avant d'aborder ces grandes divisions, je répartirai les *choses*, considérées comme objets des droits et des devoirs juridiques, en leurs différentes classes ; — je ferai quelques remarques générales sur les *personnes* en tant que *sujets* des droits et des devoirs juridiques. sur les *actes* et *abstentions* en tant qu'ils en sont l'objet. sur les faits ou événements en tant qu'ils en sont la *cause*, ou en tant qu'ils les éteignent.

DROITS PRIMAIRES ET DEVOIRS RELATIFS PRIMAIRES

A. Droits *in rem* considérés en tant qu'ils existent *per se* ou en tant qu'ils ne sont pas combinés avec des droits *in personam*.

..... I. Comme le lecteur peut l'inférer d'un précédent passage de mon aperçu et comme je le montrerai complètement dans mes leçons préliminaires, l'expression *in rem*, quand elle est accolée au terme *droit*, ne signifie pas que le droit en question *est un droit sur une chose*. Au lieu d'indiquer la nature de l'objet, elle marque la portée d'application du devoir correspondant. Elle indique que ce devoir relatif incombe à toute personne en général et non pas exclusivement à une ou à des personnes déterminées. En d'autres termes, elle signifie que le droit en question vaut contre toute personne en général.

En conséquence, certains droits *in rem* sont des droits sur des *choses*, d'autres sont des droits sur des *personnes*, tandis que d'autres n'ont *aucun objet* (personne ou chose) sur lequel ou à l'égard duquel on puisse dire qu'ils existent, ou duquel on puisse dire qu'ils sont attachés. — Par exemple : la propriété d'un cheval, la propriété d'une quantité de blé, le droit de passage à travers un champ est un droit *in rem* sur une chose ou à une chose, un droit *in rem* inhérent à une chose, un droit *in rem* dont l'objet est une chose. — Le droit qu'a le maître à l'encontre des tiers sur son

esclave, serviteur ou apprenti, est un droit *in rem* por-
tant sur une personne ou s'appliquant à une personne.
C'est un droit résidant[1] sur la tête d'une personne et
inhérent à une autre personne comme à son objet. —
Le droit appelé monopole est un droit *in rem* qui n'a
aucun objet : il n'y a aucun objet déterminé (personne
ou chose) sur lequel ou à l'égard duquel ce droit existe
ou auquel il soit inhérent. L'*officium* ou devoir commun
auquel ce droit correspond est un devoir incombant à
tous en général de s'abstenir de vendre des denrées
d'une espèce ou classe donnée, mais ce n'est pas un devoir incombant à tous en général de s'abstenir d'actes
spécialement relatifs à un objet individuellement déterminé. On trouverait aussi, en dernière analyse, que le
droit, l'intérêt qu'a un homme à sa réputation, à sa bonne
renommée, et avec lui une multitude de droits, que je
suis forcé de passer sous silence, valent contre toute
personne en général et que, cependant, il n'y a pas de
personnes ou de choses qu'il soit possible d'appeler leurs
objets[2].

C'est pourquoi, je classerai les droits *in rem* (et avec
eux les devoirs relatifs correspondants) selon la diversité de leurs *objets* ou selon la diversité d'aspects des
abstentions que l'on peut appeler le *contenu* de ces
droits.

Distingués selon ces caractères différents, ils se ran-

1. Activement.
2. Austin ne sacrifie-t-il pas à cette tendance que Ihering a
appelée « matérialisme juridique », en restreignant ainsi la
notion de l'*objet* du droit ?

geront (comme je l'ai déjà fait pressentir) sous trois
chefs. — 1° Droits *in rem* dont les objets sont des
choses ou dont le contenu consiste dans des abstentions
ayant trait, d'une manière déterminée, à des choses spécialement déterminées. — 2° Droits *in rem* dont les
objets sont des personnes ou dont le contenu consiste
dans des abstentions ayant trait, d'une manière déterminée, à des personnes spécialement déterminées. —
3° Droits *in rem* sans objets déterminés ou dont le contenu consiste dans des abstentions qui n'ont pas proprement trait à des choses ou des personnes déterminées.

II... Les différentes personnes, chez lesquelles chacun
de ces droits réside, sont investies du pouvoir d'employer, d'appliquer leurs objets respectifs à des fins, à
des buts plus ou moins nombreux. Les différences de ce
genre existent entre les droits de cette nature, indépendamment de celles qui peuvent exister entre leurs
durées respectives ou entre les laps de temps durant
lesquels ils sont respectivement destinés à subsister.

Parmi les différences de ce genre qui existent entre
les droits de cette nature, la différence principale, capi-
tale, est celle-ci : — 1° Certains droits *in rem* autorisent
les ayants-droit chez lesquels ils résident à user et disposer de leurs objets dans une mesure qui n'est pas susceptible d'une exacte détermination, quoiqu'elle ne soit
pas illimitée. En d'autres termes, l'ayant-droit peut
appliquer ces objets à des fins dont le nombre et les variétés ne peuvent être déterminés d'une manière précise, bien que ces fins ne soient pas sans comporter aucune restriction : Exemple : Le propriétaire est investi

du pouvoir d'employer, d'appliquer l'objet de sa propriété à des usages, à des fins qui ne sont pas absolu-
ment exempts de limites, mais dont les variétés et le
nombre ne sont pas non plus susceptible d'une exacte détermination. Le droit du propriétaire, relativement aux
fins auxquelles il peut employer l'objet, est seulement
limité d'une manière générale et vague par tous les
droits de toutes les autres personnes et par les devoirs
juridiques (relatifs ou absolus) qui lui incombent à lui-
même. Il ne peut user de son bien, de façon à nuire à
autrui ou de façon à violer un devoir juridique (relatif
ou absolu) auquel il se trouve lui-même soumis. Mais
il peut employer et appliquer son bien à tout usage, à
toute fin qui n'est pas incompatible avec cette restriction vague et générale [1]. — 2° Certains autres droits *in*

1. (Tome II, pages 800-801). Les brocards de droit tels que
ceux-ci : *Sic utere tuo ut alienum non lædas ; — Qui jure suo
utitur neminem lædit,* et autres semblables proviennent de l'im-
possibilité de délimiter et circonscrire exactement le droit de
propriété et ne sont guère en réalité que des tautologies.
... « *Qui jure suo utitur neminem lædit.* » Si par « lædit » on
entend un dommage, un préjudice, cela est faux, puisque l'exercice d'un droit est souvent accompagné d'un dommage positif
infligé à autrui. Si par « lædit » on entend une « *injuria* », la
proposition revient à ceci, savoir que l'exercice d'un droit ne peut
aboutir à un délit : ce qui est une pure tautologie et ne nous dit
rien, puisque le point en question est celui-ci : Qu'est-ce qui est
légitime (ou qu'est-ce que je peux faire sans injustice ?), et
qu'est-ce qui est illégitime (ou qu'est-ce qui ne saurait être un
exercice de mon propre droit, comme aboutissant à la violation
d'un droit chez autrui)? — Les mêmes observations sont appli-
cables au brocard : « *Sic utere tuo ut alienum non lædas.* »

rem autorisent les ayants-droit chez lesquels ils résident à user et disposer de leurs objets seulement dans une mesure exactement déterminée (au moins dans une direction donnée) ; en d'autres termes, les ayants-droit peuvent seulement appliquer ces objets à des fins dont le nombre ou au moins le genre sont déterminés. Exemple : Celui qui a un droit de passage sur un terrain appartenant à une autre personne ne peut appliquer ce terrain qu'à des fins d'un certain ordre déterminé. Il peut le traverser de la manière qui a été établie par la concession ou la prescription, mais ce sont les seules fins auxquelles il puisse l'appliquer légitimement [1].

III. Qu'il s'agisse de droits ayant un objet déterminé ou de droits sans objet de cette nature, et quelles que soient les fins auxquelles les ayants-droit peuvent appliquer leurs objets, les droits *in rem* peuvent être distingués d'après les laps de temps durant lesquels ils sont destinés à subsister.

En tant qu'ils sont susceptibles d'être distingués par les différences qui existent entre leurs durées respectives, les droits *in rem* seront considérés dans l'ordre suivant. — Ces droits *in rem* sont des droits de durée illimitée ou des droits de durée limitée. Tout droit de durée illimitée est aussi un droit de durée indéterminée, c'est-à-dire un droit dont la durée n'est pas exac-

---

1. Cf. Ihering, *Esprit du droit romain*, t. IV : « Tantôt la manière dont la jouissance doit être exercée est exactement prescrite et limitée. Tantôt une pleine liberté est reconnue sous ce rapport à l'ayant-droit. Cette différence n'a d'intérêt pratique que pour le droit des choses (P. 334) ».

tement définie. Mais parmi les droits de durée limitée, il y en a qui sont des droits de durée indéterminée, tandis que d'autres sont des droits de durée exactement déterminée et mesurée. Exemple : Un « estate in fee simple » [1], la propriété sur un « personal chattel » [2] sont des droits de durée illimitée et par conséquent indéterminée.— Un « estate for life » [3] est un droit d'une durée indéterminée, mais limitée.

En conséquence je distinguerai les droits de durée illimitée et les droits de durée limitée ; et je distinguerai ces derniers en droits de durée indéterminée et droits de durée déterminée.

Les différences, existant entre les droits quant à la mesure dans laquelle l'ayant-droit peut user et disposer de l'objet, ont des rapports avec les différences existant entre eux au point de vue de la durée. J'essaierai d'expliquer les relations multiples qui existent entre ces différences respectives.

IV. Qu'il s'agisse de droits ayant un objet déterminé ou de droits sans objet de cette sorte, quelles que soient les fins auxquelles les ayants-droit peuvent appliquer leurs objets et quels que soient les laps de temps durant lesquels ils sont destinés à subsister, les droits *in rem* peuvent se distinguer les uns des autres par les différences suivantes :

Parmi eux, les uns sont actuels ou acquis, d'autres sont futurs, éventuels, simplement ébauchés. Les droits

1. Fief simple, transmissible aux héritiers.
2. Propriété mobilière, également transmissible au décès.
3. Droit viager.

3

actuels diffèrent essentiellement les uns des autres aussi bien que des droits éventuels : en effet, dans certains cas, la personne investie d'un droit actuel, celle chez qui ce droit réside peut exercer ce droit actuellement ; mais, dans d'autres cas, l'exercice du droit actuel est présentement suspendu par l'existence d'un droit antérieur et préférable. D'autre part, qu'il s'agisse d'un droit actuel ou éventuel, celui-ci est susceptible de s'éteindre par suite d'un événement donné, avant que le temps, pendant lequel il pouvait subsister, soit écoulé.

Dans cette subdivision je toucherai brièvement à ces différences et aux distinctions qui en résultent, remettant une explication plus étendue à la partie subséquente de mon cours, dans laquelle j'étudierai les fidéicommis et substitutions du droit romain et du droit anglais.

V. J'étudierai les divers faits dont naissent les droits *in rem*, ainsi que les divers faits par lesquels ils sont éteints, en ajournant pourtant un examen approfondi de la prescription jusqu'à ce que j'aie analysé, comme il convient, le *droit de possession*[1].

VI. Si une personne exerce un droit résidant chez une autre personne, mais sans l'autorisation de cette dernière et sans l'autorisation de celles dont cette dernière tient son titre, elle acquiert, par cet exercice non autorisé, « adverse », le droit anomal qui est appelé *droit de possession*.

---

1. C'est dans le cours du développement de ce cinquième chef de la subdivision ici traitée que les leçons s'interrompent. Voir leçon LVIII et les observations qui s'y trouvent.

Cette définition générale du droit de possession doit toutefois être entendu avec la restriction suivante. — La personne qui possède « à titre adverse », ou qui exerce le droit d'une autre sans l'autorisation requise, n'acquiert pas par là le droit de possession, dans le cas où cette possession « adverse » a commencé *vi*, c'est-à-dire procède de quelqu'un des moyens qui sont compris sous la dénomination de violence[1].

Le *droit de possession* doit être distingué du *droit de posséder*, autrement dit du *droit à la possession*, car le droit de posséder, ou droit à la possession, est une propriété ou partie intégrante du droit de possession lui-même et aussi de nombre d'autres droits qui diffèrent beaucoup de ce dernier. En d'autres termes, le droit de posséder, considéré en général, peut naître de beaucoup de titres ou causes; mais ce qui est appelé droit de possession, c'est une forme particulière du droit de posséder, laquelle naît exclusivement du fait d'une possession « adverse ».

Bien qu'il résulte d'une possession effective, le droit *in rem*, qui est appelé droit de possession, doit aussi

---

1. On reconnaît la doctrine exposée par Savigny dans son *Traité de la Possession*; aux yeux d'Austin, cette doctrine paraît être au dessus de toute contestation. En réalité, — abstraction faite des controverses relatives à la théorie possessoire romaine, — la question du fondement de la protection possessoire est une des plus difficiles que la philosophie du droit positif ait à étudier. V. Ihering, *Du fondement des interdits possessoires, — Du rôle de la volonté dans la possession* (Traduction Meulenaère), — surtout la dissertation intitulée : *Der Besitz*, qui a été insérée dans la Revue d'Ihering (1er fascicule de l'année 1893).

être distingué du droit *in rem* qui résulte de l'occupation ; car le fait de posséder, qui est appelé occupation,
consiste dans la possession de quelque chose qui est *res
nullius*. Mais le fait de posséder, qui donne le droit de
possession, consiste dans l'exercice adverse, par la
personne qui l'acquiert, d'un droit résidant chez une
autre personne.

En conséquence, la définition suivante du droit de possession a toute l'exactitude que peut comporter une
extrême brièveté ; c'est ce droit de posséder (d'user d'un
droit ou de l'exercer) qui résulte du fait d'une possession adverse, mais ne commençant pas par la violence.

Considéré par rapport à toute personne autre que
celui dont elle exerce le droit à titre adverse, le possesseur est revêtu du droit même qu'il prétend exercer.

Considéré par rapport à celui dont il exerce le droit à
titre adverse, il peut acquérir le droit même qu'il prétend exercer, au moyen du titre ou mode d'acquisition
appelé prescription ; pour nous servir d'un langage courant, mais non rigoureusement exact, le droit de possession, mûri par la prescription, devient le droit de *dominium* ou propriété [1].

..... Après avoir analysé le droit de possession, je
m'occuperai du titre ou mode d'acquisition dans lequel
le droit de possession est un facteur nécessaire, à savoir
l'usucapion et autres prescriptions. J'étudierai d'une
manière générale la nature de ce titre et je m'attacherai

1. Il est curieux qu'Austin perde de vue le point capital, la
relation du possessoire et du pétitoire.

aux particularités respectives du droit romain et du
droit anglais au point de vue des termes ou des conditions, dans lesquels l'existence de ce mode d'acquisition
est admise. Si je crois possible, sans imprudence, de
toucher à ce vaste sujet, je passerai du mode d'acquisition par prescription à un sujet connexe, — les registres
fonciers.

B. Droits *in personam* en tant qu'ils existent *per se* ou en tant qu'ils
ne sont pas combinés avec des droits *in rem*.

Les droits *in personam*, et avec eux les obligations qui
leur correspondent, naissent de faits ou événements
appartenant à trois catégories, à savoir : les *contrats*,
les *quasi-contrats* et les *délits*.

Les seuls droits *in personam* qui appartiennent à cette
section sont ceux qui naissent des *contrats* et des *quasi-
contrats*. Ceux qui naissent des délits appartiennent à
la seconde des divisions fondamentales dans lesquelles
je répartis la matière du droit des choses.

Les matières de cette section seront traitées dans
l'ordre suivant :

I. Je définirai, je déterminerai la signification de
certains termes fondamentaux, à savoir : promesse,
pollicitation, convention ou accord, pacte, contrat,
quasi-contrat.

II. Après avoir défini la signification de ces termes fondamentaux, j'étudierai en particulier la nature des *contrats*. Je distinguerai les contrats proprement dits de certains faits ou événements qu'on appelle contrats, mais qui, virtuellement, sont des aliénations ou cessions. Je diviserai les contrats en leurs différentes classes, et j'exposerai, avec beaucoup d'autres encore, les distinctions entre les contrats unilatéraux et bilatéraux, principaux et accessoires, nommés et innommés. En exposant cette dernière distinction, je montrerai ce qu'on entend par l'*essence* et les *accidents* d'un contrat. Je ferai mention des solennités ou formalités qui sont essentielles à la validité de certains contrats et, à ce sujet, j'analyserai le « *rationale* » de la doctrine des « *causes* ». En dernier lieu, je m'occuperai des faits par lesquels ou des modes selon lesquels les droits et obligations, résultant des contrats, prennent fin ou s'éteignent.

III. Des contrats, je passerai aux *quasi-contrats*, c'est-à-dire aux faits ou événements qui ne sont ni contrats ni délits, mais qui, en tant qu'ils engendrent des droits *in personam* et des obligations sont, sous ce rapport, analogues aux contrats [1]. Je ferai remarquer la fréquente confusion des simples quasi-contrats avec les contrats qui sont tels à proprement parler, bien que tacites ou implicites. Je montrerai que les quasi-contrats sont analogues aux contrats fictifs, dont certains théoriciens politiques ont fait découler les devoirs des gou-

---

1. Il faut reconnaître que cette définition est insuffisante, car elle ne caractérise le quasi-contrat que d'une manière négative.

vernés ; et je montrerai les causes de cette tendance à
imaginer, à feindre des contrats, dans le but d'expliquer
l'origine de devoirs juridiques découlant de quelque
autre source. Je signalerai les diverses classes de quasi-
contrats et les faits par lesquels ou les modes selon
lesquels les droits et obligations qu'ils engendrent prennent fin et s'éteignent.

C. Combinaisons de droits *in rem* et *in personam* qui ont lieu à titre particulier et ont un caractère relativement simple.

Bien que le *jus in rem* et le *jus in personam* soient
susceptibles d'exister séparément et libres de toute
combinaison, une seule et même personne peut être
saisie *uno ictu* de l'un et de l'autre ; en d'autres termes,
un fait, qui investit une personne d'un droit *in rem* ou
d'un droit *in personam*, peut investir cette même personne d'un droit *in personam* ou d'un droit *in rem*[1]...
Ainsi que je le montrerai dans mes leçons, il y a plusieurs faits que l'on appelle simplement contrats et qui

---

1. Austin touche ici au point vraiment essentiel dans la question de la distinction des droits réels et personnels ; la solution
de cette question nous paraît être contenue en germe dans
l'idée qu'il énonce, mais il n'a nulle part précisé et développé
cette idée. Comp. Ihering, *Esprit du droit romain*, tome IV,
pages 177 et suivantes.

sont à proprement parler des faits complexes, composés d'une cession et d'un contrat, et conférant à une personne *uno flatu* un droit *in rem* et un droit *in personam* [1].

La matière de cette section renferme les combinaisons de droits *in rem* et *in personam* qui ont lieu à titre particulier et ont un caractère relativement simple. Ce que j'entends par leurs combinaisons à titre *particulier* ou plutôt *singulier*, par opposition aux agrégats *universels* qui constituent la matière de la section suivante, ne pourrait guère être expliqué dans les limites d'un aperçu.

Pour expliquer ma pensée, il faut que j'expose la distinction entre les successeurs particuliers et universels ou entre la succession *rei singulæ* et la succession *per universitatem*, qui est presque le plus embrouillé des nœuds multiples et fort compliqués avec lesquels la science du droit éprouve la patience de ceux qui l'étudient [2].

1. Le contrat de vente d'un immeuble, dans le droit français, est par lui-même une cession; il n'y a ici rien d'autre; le contrat de vente est transcrit, et la propriété de l'immeuble passe immédiatement à l'acheteur. (*Lectures*, tome I, p. 377).

2. Sans doute, selon la remarque de Sumner Maine (*Ancien droit*, trad. Courcelle-Seneuil, page 171), cette distinction présente des difficultés particulières pour un esprit imbu des principes du droit anglais; mais, même dans notre science française, le fondement et les effets de cette distinction sont-ils bien déterminés? — Voir sur ce point Aubry et Rau, tome VI, pages 252 et suivantes.

D. Universalités de droits et obligations (ou groupes complexes de droits et obligations) qui procèdent d'une succession universelle[1].

La matière de cette section sera traitée dans l'ordre suivant :

I. Les groupes complexes de droits et obligations que les juristes modernes nomment généralement « *universitates juris* » seront distingués des groupes ou collections de choses qu'ils nomment d'ordinaire « *universitates rerum sive facti* »...

II... Toute *juris universitas* présente au moins l'un des deux caractères suivants. En premier lieu, là où une *universitas juris* procède d'une succession universelle, les droits résidant chez une personne (ou plusieurs personnes) et les obligations lui (ou leur) incombant passent *uno ictu* à une autre personne (ou à plusieurs autres) et passent à celle-ci *in genere* et non *per speciem* ; en d'autres termes, ils se transmettent *tous à la fois* et *conjointement* comme appartenant à tel groupe et non en vertu de leur nature particulière, individuelle.

En second lieu, quelle que soit son origine, une *universitas juris*, dans la mesure où elle se compose de

_____

1. Austin aurait dû envisager l'universalité de droits et obligations, qui constituent le *patrimoine*, en elle-même, avant de la considérer dans sa transmission d'une personne à une autre. (V. *Théorie du patrimoine*, dans Aubry et Rau, tome VI).

droits [1], est par elle-même (ou considérée comme abstraite de ses éléments particuliers) l'objet d'un droit *in rem*.

L'individu, saisi d'une *universitas juris*, a sur cet agrégat un droit qui vaut contre toute personne en général, alors même que tous les droits qui en constituent les éléments sont uniquement des droits *in personam* ou droits qui ne valent que contre des personnes déterminées [2]....

DROITS SANCTIONNATEURS, DEVOIRS SANCTIONNATEURS (RELATIFS OU ABSOLUS), COMPRENANT AVEC EUX LES DÉLITS OU TORTS QUI EN SONT LES CAUSES OU LES ANTÉCÉDENTS.

Voilà la seconde des divisions fondamentales entre lesquelles je répartis les matières du droit des choses.

..... Après avoir expliqué la nature de la distinction entre les délits civils et criminels, je distribuerai les matières de cette seconde division fondamentale en deux sections : 1° Droits et obligations qui résultent des *délits civils* ; 2° Obligations et autres conséquences qui résultent des *crimes* [3].

1. Dans la mesure de l'actif qu'elle renferme.
2. La pétition d'hérédité est, en effet, essentiellement une action *in rem*.
3. Nous avons indiqué plus haut en quoi sont inexactes les notions qu'Austin prend pour point de départ en cette matière, nous aurons à signaler plus loin les conséquences de cette erreur première.

Droits et devoirs qui résultent des délits civils.

La matière de cette section sera traitée dans l'ordre suivant :

1°. — Les délits civils seront classés et définis par rapport aux droits et devoirs dont ils constituent respectivement la violation.

2°. — Les droits qui naissent des délits civils sont, d'une manière générale, des droits *in personam*, c'est-à-dire des droits qui valent contre des personnes déterminées ou qui correspondent à des devoirs incombant à des personnes déterminées.

I. — Les droits qui naissent des délits civils et, avec eux, les devoirs relatifs qui leur correspondent, seront répartis en deux catégories; et chacune de ces catégories se subdivisera immédiatement en différentes classes.

La division de ces droits en deux catégories repose sur le principe suivant : à savoir, la nature diverse des droits et obligations dont les divers délits civils constituent respectivement la violation. En conséquence, les droits nés de délits civils, consistant dans la violation des droits *in rem*, forment le contenu de la première catégorie; et les droits nés de délits civils, consistant dans la violation de droits *in personam*, forment le contenu de la seconde.

La distinction des différentes classes, dans lesquelles ces deux catégories se subdivisent immédiatement,

repose sur le principe suivant : à savoir, la diversité
des fins immédiates à la réalisation desquelles tendent
respectivement les droits et devoirs nés des délits civils...

1° Les droits nés de délits civils, consistant dans la
violation de droits *in rem*, forment le contenu de la première catégorie, qui se répartit immédiatement entre
les quatre subdivisions suivantes :

Si celui qui jouit d'un droit *in rem* en est *présentement* empêché, et que la cause de cet empêchement,
l'obstacle puisse être écarté ou supprimé, la partie lésée
par cet empêchement, par cet obstacle, peut se faire *réin-
tégrer* dans la faculté d'exercer le droit librement. Les
droits tendant à une telle réintégration sont de deux
sortes : les uns, et c'est le plus grand nombre, sont des
droits d'*action*; d'autres au contraire sont exercés
extrajudiciairement et sont matière à *justification*.

Le droit d'action, tendant à obtenir la possession
d'une maison ou à procurer la cessation d'un trouble
qui en entrave la jouissance, est un droit de la première
classe. Le droit de la reprendre sans recourir à l'action
appartient à la seconde. Les droits tendant à une réintégration de ce genre peuvent être appelés, d'une manière
brève et caractéristique, « droits de revendication »; ils
forment le contenu de la première subdivision [1].

---

1. Conformément au principe erroné dont il est parti, l'auteur érige
l'action en revendication et la légitime défense de la possession en
« droits sanctionnateurs » distincts du droit réel ; ce ne sont, en réalité que des modes d'exercice de ce droit ; elles tendent à la cessation
de l'état de fait objectivement injuste, pour autant que cet état subsiste
actuellement. Voir Ihering, *Théorie de la faute*, page 7.

Si le droit *in rem* qui a été violé est virtuellement annihilé par le délit, le seul remède que comporte ce cas est une *satisfaction* à fournir à la partie lésée [1].

Là où un empêchement, un obstacle opposé à l'ayant-droit a été écarté ou a cessé de quelque autre façon, le remède topique et approprié consiste dans une satisfaction à fournir à la partie lésée, pour obstacle apporté à la jouissance dans le *passé*. D'une manière générale, le remède topique et approprié à un délit *passé* est une satisfaction ou compensation à fournir à la partie lésée, pour le dommage, l'incommodité que cette partie a subis par suite du délit [2].

Les droits tendant à une satisfaction pécuniaire ou autre, forment le contenu de la seconde subdivision.

Dans le cas où la personne qui jouit d'un droit *in rem* est présentement empêchée de le faire, elle a ordinairement, comme partie lésée, droit à une satisfaction pour le dommage, l'incommodité subie, en même temps qu'elle a droit à la réintégration dans la faculté d'exercer librement ce droit *in rem*. — La combinaison des droits de

1. Si je détruis ou laisse périr la chose d'autrui que je possède, — et que ce soit par ma faute, — ce fait engendre un droit *nouveau* qui a pour objet la réparation du dommage causé.
2. La distinction, que fait Austin entre la réaction contre la violation *présente* du droit, et la réaction contre sa violation *passée* ne trouve précisément sa raison d'être que dans la distinction de la violation non-coupable et de la violation coupable ; contre la première, il n'y a lieu de réagir que pour la faire cesser, autant qu'elle est actuelle ; contre la seconde, il y a lieu de réagir pour en réparer les effets, c'est-à-dire par cela seul qu'elle a eu lieu à un moment quelconque. Voir Ihering, *Théorie de la faute*, pages 7 et 8.

revendication et des droits tendant à une satisfaction forment le contenu de la troisième subdivision[1].

Lorsqu'une lésion est simplement en voie de s'accomplir ou imminente, elle peut être arrêtée ou prévenue. Par exemple, une dépossession violente est prévenue, des dégâts sont prévenus et arrêtés par une interdiction ou une injonction, ou, si je suis menacé d'une attaque imminente, je puis prévenir le délit qui approche en repoussant l'assaillant. — Le droit de prévenir ou d'arrêter judiciairement ou extrajudiciairement les lésions imminentes ou en voie de se réaliser contre les droits *in rem* forme le contenu de la quatrième subdivision.

2° Les droits résultant de délits civils qui constituent une violation de droits *in personam*[2] forment le contenu de la deuxième division, qui se partage immédiatement dans les trois subdivisions suivantes : 1° Droits tendant à contraindre judiciairement ou extrajudiciairement à l'*exécution spécifique*[3] d'obligations qui résultent de contrats ou de quasi-contrats. Exemples : Droit de contraindre à l'exécution par une action, un procès ; — Droit tendant à une interdiction ou à une injonction dans le but d'empêcher que l'obligé ou débiteur n'échappe à l'exécution de l'obligation; — Droit de ré-

---

1. L'exercice de la revendication fait cesser l'état de fait contraire au droit de propriété et l'action en dommages-intérêts procure la réparation du préjudice causé par la faute, étant donné par hypothèse qu'il y a faute de la part du possesseur.

2. Toutes les remarques que nous avons faites touchant l'effet de la violation des droits *in rem* s'appliquent également ici. Voir Thering, *Théorie de la faute*, page 8.

3. Exécution littérale.

tention du créancier sur une chose ou une personne qui
dépend du débiteur, mais dans l'intérêt de laquelle le
créancier a dépensé de l'argent ou du travail. — 2°
Droit d'obtenir une satisfaction au lieu de l'exécution
spécifique [1], dans le cas où les créanciers se contentent
d'un équivalent, dans le cas où l'exécution spécifique
n'est pas possible ou ne serait pas profitable aux créanciers, ou entraînerait un inconvénient majeur pour les
débiteurs. — 3° Droit d'obtenir l'exécution spécifique
pour partie, avec satisfaction ou équivalent pour le sur-
plus.

En passant en revue les droits qui naissent des délits
civils, je montrerai l'application respective de ces re-
mèdes divers aux divers cas de délits préalablement
classés et définis.

III. Après avoir classé et défini les délits civils et
traité des droits et obligations qu'ils engendrent, j'étudierai les *modes* selon lesquels ces droits sont exercés
et selon lesquels ces obligations reçoivent exécution
forcée; en d'autres termes, j'étudierai la procédure civile.

Or la poursuite des droits d'*action* et la conduite des
défenses incidentes constituent la matière principale de
cette partie de la jurisprudence. L'étude de cette matière renfermera celle des points suivants, qui sont les
principaux, et celle de beaucoup d'autres points secondaires :

Les fonctions des juges et autres organes de la justice ;

1. V. note précédente.

Le *rationale* de la procédure que nous appelons
« pleading » et le *rationale* de la preuve judiciaire qui
s'y rattache ;

Les décisions judiciaires, avec ce qui les accompagne
nécessairement ou le plus ordinairement, à savoir l'in
terprétation du droit promulgué, c'est-à-dire établi selon
le mode proprement législatif ; le procédé particulier
d'induction (assez fréquemment confondu avec l'interprétation du droit promulgué), au moyen duquel une
règle de création judiciaire est tirée de la décision ou
des décisions qui l'ont établie ; — l'application du droit
(que ce soit une disposition légale ou une règle de
création judiciaire), au fait, cas ou *species obveniens*
qui attend la solution du tribunal [1] ;

Les jugements, ordonnances ou injonctions judiciaires qui sont les conséquences des décisions des tribunaux ;

Les jugements considérés comme *modes d'acquisition*, c'est-à-dire non pas seulement comme des moyens
par lesquels les droits d'action sont mis en vigueur,
mais comme causes de droits ultérieurs, par exemple
comme causes d'hypothèques ou nantissements tacites
donnés aux demandeurs sur les immeubles ou les
meubles des défendeurs ;

Les jugements ou ordonnances qui sont de pures
formalités ajoutées aux cessions ou aux contrats.

1. On ne peut contester la haute utilité de cette étude de la méthode
juridique (voir Brocher, *Principes généraux de l'interprétation des lois*
et Ihering, *Esprit du droit romain*, tom III). mais on peut se demander si elle doit être présentée comme une simple dépendance de la
procédure.

L'étude de ces formalités comprendra une explication de la distinction entre la juridiction volontaire et la juridiction contentieuse.

Obligations et autres conséquences engendrées par les crimes [1].

Voilà le second membre de la seconde des grandes divisions dans lesquelles je répartis les matières du droit des choses.

La matière de cette subdivision sera traitée dans l'ordre suivant :

I... — La violation des obligations primaires et absolues appartient à la classe des délits appelés *crimes*. En conséquence, j'intercalerai ici un exposé des obligations primaires absolues considérées en tant qu'elles ne rentrent pas proprement dans le droit des personnes. Ainsi que je l'ai déjà fait remarquer, des interversions de ce genre ne peuvent pas toujours être évitées.

II. — Après avoir intercalé un exposé sommaire des obligations primaires absolues, je classerai et définirai les *crimes* (qu'ils consistent dans la violation d'obligations primaires absolues ou d'obligations primaires rela-

1. Comme on l'a vu plus haut, cette expression est équivalente à celle de *délits publics*, c'est-à-dire tous délits qui ne consistent pas dans la violation d'un *droit*, au sens attribué à ce terme dans la note 1, page 21.

6

tives), en me référant aux droits et obligations dont ils constituent respectivement la violation.

III. — Après avoir classé et défini les crimes, je toucherai brièvement aux obligations (ce sont toutes des obligations absolues) qui naissent des crimes. Je mentionnerai aussi brièvement ces conséquences des crimes que l'on appelle, strictement et proprement, des *peines*.

IV. — Je porterai mon attention sur la procédure criminelle et sur ce qui peut, dans la stricte acception du terme, être appelé *police*, en d'autres termes sur les modes selon lesquels on poursuit la punition des crimes, et sur les précautions qui peuvent être prises pour les prévenir.

DROIT DES PERSONNES [1]

Distinction des *status* ou conditions en certaines catégories principales et subordonnées.

Coup d'œil sur les conditions privées, sur les conditions politiques, sur les diverses conditions anormales[2].

---

1. V. Résumé de l'aperçu, dans le tome I, page 76.
2. C'est-à-dire les diverses incapacités.

TABLE DES MATIÈRES

Nantes. — Émile Grimaud, imprimeur breveté, place du Commerce, 4.

ArthUR ROUSSEAU, Éditeur à PARIS

EXTRAIT DU CATALOGUE :

BEUDANT, professeur à la Faculté de Droit de Paris, doyen honoraire. **Le droit Individuel et l'État.** Introduction à l'étude du droit, 2e édit. 1 vol. in-18.............................. 5 fr.

D'OLIVECRONA. La peine de mort, 2e édit., traduite par M. Beaucher, professeur à la Faculté de Droit de Nancy, 1893. 1 vol. in-8 .... 8 fr.

FUNCK BRENTANO, professeur à l'École libre des sciences politiques. 1893. 1 vol. in-8. **La politique.** .... 7 fr. 50

GINOULHIAC, professeur honoraire à la Faculté de Droit de Toulouse. **Cours élémentaire d'histoire générale du droit français public et privé**, 2e édit. 1 vol. in-8.......... 10 fr.

GIRARD (P.-F.), professeur agrégé à la Faculté de Droit de Paris. **Textes de droit romain annotés**, 1890. 1 fort vol. in-18. 8 fr.

JOURDAN, (Alfred), doyen de la Faculté de Droit d'Aix. **Cours analytique d'économie politique**, 2e édit. in-8....... 10 fr.

JOYAU, professeur-adjoint à la Faculté des Lettres d'Aix. **La philosophie en France, pendant la Révolution**, 1789-1795, son influence sur les institutions politiques et juridiques. 1 vol. in-18. 4 fr.

LABORDE, professeur à la Faculté de Droit de Montpellier. **Cours élémentaire de droit criminel**, conforme au programme des Facultés de Droit. 1 vol. in-8. .... 10 fr.

LEVASSEUR, membre de l'Institut, professeur au Collège de France et au Conservatoire des Arts-et-Métiers. **La population française.** Histoire de la population avant 1789 et démographie de la France comparée à celle des autres nations au XIXe siècle, précédées d'une introduction sur la statistique. 3 vol. gr. in-8. .... 37 fr. 50

MOLINIER, professeur à la Faculté de Droit de Toulouse. **Traité théorique et pratique du Droit criminel**; mis au courant complété, et publié par M. Vidal, professeur à la même Faculté. 3 vol. in-8. .... 30 fr.
Tome 1er seul paru.............................. 10 fr.

NEUMANN (baron de). **Éléments du droit des gens public européen.** Ouvrage traduit par M. de Riedmatten, docteur en droit. 1 vol. in-8. .... 7 fr.

SCHONE, Histoire de la population, ouvrage couronné par l'Institut. 1 vol. in-18. Sous presse.

SURVILLE et **ARTHUYS**, professeurs à la Faculté de Droit de Poitiers. **Cours élémentaire de droit international privé conforme au programme des Facultés de Droit.** 1 vol. in-8.............................. 10 fr.

VIDAL, professeur à la Faculté de Droit de Toulouse. **Introduction philosophique à l'étude du droit pénal.** Principes fondamentaux de la pénalité, dans les systèmes les plus modernes (Ouvrage couronné par l'Institut. Académie des sciences morales et politiques). 1 vol. in-8.............................. 10 fr.

VIGIÉ, doyen de la Faculté de Droit de Montpellier. **Cours élémentaire de Droit Civil français**, conforme au programme des Facultés de Droit. 2e édit. 3 vol. in-8.............. 30 fr.